KINZAI バリュー叢書

住宅ローンの
マネジメント力を高める

攻めと守りを実現する住宅ローンのビジネスモデル

金融財政総合研究所
本田　伸孝
［著］
弁護士
三森　仁

一般社団法人 **金融財政事情研究会**

■はじめに

　金融機関に求められる経営課題は「健全性の確保」「収益性の向上」「経営基盤の強化」にほかなりませんが、これらを実現するためにも具体性のある戦略・施策を自助努力によりいかにして確立することができるかが最大のポイントとなります。最適な資産ボリュームの維持を実現するとともに、最適なリスク回避手段を講じることが重要であり、同時に、安定的な調達基盤と安全な運用基盤を構築する収益性を高めるための営業戦略が求められています。

　一方で、金融機関には、資金余剰部門と資金不足部門の間の資金を還流させる金融仲介機能の役割がありますが、景気低迷が長期化するなか事業性融資の貸出は伸び悩み、業態間を問わず安定的なリテール運用基盤を確立できる個人向け消費者ローン、とりわけ住宅ローンへの積極的な取組姿勢が顕著となっています。住宅ローン推進の理由としては、第一に、長期間の元利均等返済スキームによる長期安定的な収益源として期待できることがあります。それに加えて、自己資本比率算出の際のリスクアセット比率が、算定手法の1つである標準的手法採用機関であれば「適格住宅ローン」に該当すると「35%」となる点で、一般事業性融資を拡大するよりは健全性を示す指標である自己資本比率改善に貢献することも大きなポイントとしてあげられるでしょう。

　2000年代初めの旧住宅金融公庫の業務の見直しを受けて、民

間金融機関の住宅ローン残高は順調に拡大を続け、金融機関全体では全貸出残高の約4分の1を占める主力商品になっています。ただし、企業貸出が伸び悩むなか、どちらかというと、ボリュームの拡大を最優先の目標に掲げ、営業推進面に比較的大きなウェイトを置いた活動に注力している結果と思われます。

安全で収益性の高い資産構造へ変革するためには、個人融資分野の残高の維持拡大がポイントですが、一方でボリュームだけでなく、近年の金利ダンピングによるローン残高増を優先した戦略から個々の債権の内容を吟味した戦略構築への転換が必要になるのではないでしょうか。

リテールビジネスにおける収益力の向上を目指す住宅ローンビジネスに積極的に取り組んでいる現在のビジネスモデルに死角はないのか。住宅ローン業務への取組姿勢を検証し、「あるべきビジネスモデル」の全体像を以下の観点から考察することとします。

第一に、住宅ローンに対する金融機関の取組状況を、取り扱われている各種商品性も含め検証します。第二に、「債権管理」の視点から、住宅ローン債権のポートフォリオ全体の管理手法について、プリペイメントリスク＝繰上返済リスクも含め、想定される各種リスクの存在と対処方法について考えます。第三に、住宅ローンを新規で獲得し、実行し、管理するという一連の業務プロセスにおいて、金融機関としてリスクをどのようにとらえるべきか、リスク、リターン、コストの3つの

側面からBPR（ビジネス・プロセス・リエンジニアリング）というキーワードも顧慮した業務プロセス改革としての新しい住宅ローンモデルのあり方を考えます。

　第四に、高齢化を迎え、既存の住宅資産を効果的に活用するにはどうあるべきか、バブル期に普及した「リバースモーゲージ」について再考するとともに、住宅資産価値を活用したファイナンスモデルについても考察してみたいと思います。

　第五に、個人向け住宅資金とは異なりますが、賃貸住宅向け資金であるアパートローンに関しても「審査から実行後管理」までのプロセスを前提に「リスク管理」という観点からまとめてみたいと思います。

　最後に、今回の金融円滑化法における条件変更への対応は、単に返済を繰り延べるだけで、リスクを後に先延ばししているだけになる可能性が高いといえます。住宅ローンの返済に困っているお客さまを支援するためには、もう少し違った角度で、制度の抜本的な見直しを考える必要があります。返済が困難となった債務者を救済する手法として、個人版民事再生手続、さらには、東日本大震災による二重債務問題対策である「個人債務者の私的整理に関するガイドライン」もありますが、救済策の考え方について整理したいと思います。

　本書では、金融機関の役職員、関連する保証会社の役職員、さらには住宅ローンシステムを構築する企業のプログラマーのニーズに合致すべく実務面を重視しました。皆様の日常業務の活動に少しでもお役に立てば幸いです。

なお、本書に関しては第1章から第9章までを本田が、第10章は三森が主に担当してまとめたものです。

　最後に、本書の刊行にあたって、執筆・出版について貴重なご意見とご尽力を賜った、一般社団法人金融財政事情研究会出版部島田裕之氏に深く感謝の意を表する次第です。

平成24年4月

本田　伸孝

三森　　仁

目　次

第1章
住宅ローン推進の現状と課題　……1

第2章
住宅ローンの商品性　……11

1　商品設計 …………………………………………………13
2　適用金利 …………………………………………………18
3　保証会社保証料 …………………………………………22
4　住宅金融支援機構 ………………………………………26

第3章
住宅ローンに潜むリスク　……29

1　金利リスク ………………………………………………34
2　信用リスク ………………………………………………38
3　解約リスク ………………………………………………45

第 4 章

本来あるべき住宅ローン審査の考え方 ……49

1 初期与信の考え方 …………………………………………51
2 自動審査の考え方 …………………………………………60

第 5 章

住宅ローン業務プロセス改革 ……67

1 推進プロセスの現状 ………………………………………69
2 住宅ローン業務プロセスのあり方 ………………………73
3 現状の業務プロセスの問題点 ……………………………82
4 あるべき業務プロセス改革 ………………………………85
5 住宅ローン業務プロセスにおけるリスクマネジメント …89

第 6 章

住宅ローン債権管理の重要性 ……93

1 自己資本比率規制 …………………………………………95
2 証券化への適用 ……………………………………………101

第7章

住宅ローン債権管理の具体的方法論 ……103

1　住宅ローン債権管理に必要な情報項目 ……105
2　住宅ローン債権の分析手法 ……112
3　分析結果の具体的活用手法 ……119
4　途上管理の基本的な考え方 ……127
5　住宅ローン利用者向け営業モデル ……135

第8章

アパートローンの推進・管理手法 ……139

1　不動産賃貸業の目利き ……141
　(1)　開発取得計画 ……142
　(2)　収支計画 ……142
2　アパート収支の考え方 ……145
3　不動産賃貸物件の評価の考え方 ……151
　(1)　収益還元法 ……151
　(2)　原価法 ……153
　(3)　取引事例比較法 ……154
4　アパートローン債権管理 ……155
5　途上管理の基本的な考え方 ……160
6　アパートローン利用者向け営業モデル ……163

第 9 章

住宅資産の新たな活用モデル ……167

1　リバースモーゲージ ……………………………………170
　(1)　相続対策としての例 ………………………………174
　(2)　安全な老後を過ごすための例 ……………………174
2　不動産価値を活用した新たなファイナンスモデル ……176

第 10 章

住宅ローン利用者支援の方法論 ……187

1　金融円滑化法への対応 …………………………………189
2　個人版民事再生手続 ……………………………………193
　(1)　「小規模個人再生」と「給料所得者等再生」……193
　(2)　最低弁済額 …………………………………………194
　(3)　個人版民事再生のメリット・デメリット ………195
　(4)　ハードシップ免責制度 ……………………………196
3　新たな個人債務者救済スキーム ………………………198
4　個人債務者の私的整理に関するガイドライン ………206
　(1)　個人版私的整理ガイドラインのポイント ………210
　(2)　個人版私的整理ガイドラインの今後の課題 ……215

第1章 住宅ローン推進の現状と課題

リーマンショック後の2009年から2年続けて新設住宅着工戸数が100万戸を大きく割り込む状況が続いています（図表1－1）。2011年もこの傾向は続いており、少子高齢化が進むなか今後も急激な増加は望めない状況にあります。

　このような環境下、金融機関は事業性貸出が伸び悩むなか、貸出金増強を「住宅ローン」の推進に傾注することで全体の残高を何とか維持しているのが現状です。

　ただ、新設住宅着工戸数の減少に伴い、住宅関連の新規融資額の推移も低下を続けており、ここ数年は20兆円を下回っています（図表1－2）。2010年度は19.4兆円ですが、業態別には、国内銀行（都市銀行・地方銀行・第二地方銀行等）が13.1兆円、信用金庫が1.6兆円と2005年以降減少傾向が続いています。一方で住宅金融支援機構が2.8兆円と大幅に増加しているのが特徴的となっています（図表1－3）。また、住宅ローン残高の推移を時系列でみてみると、2001年をピークに183兆円前後を維持していましたが、2006年以降は180兆円を割り込んでいるのが実態です。業態別では、住宅金融支援機構の残高の減少分が国内銀行の増加分に振り替わっているものの、2008年以降はその増加も鈍化しています（図表1－4）。

　以上からわかるとおり、住宅ローン市場はすでに飽和状態に達しており、今後急激に残高が増加すると考えることはむずかしく、限られたパイのなかでシェアの奪い合いをせざるをえない状況が続くものと思われます。

　こうした状況のもとでは、他機関の住宅ローンを肩代わるこ

とで「残高」を確保する競争に陥り、その結果、「適用金利」「手数料」を優遇し合う激しい「金利競争」に突入しているのが現状です。

　ところで、このような状況はなぜ発生するのか。地方銀行64行の財務データから検証してみます（図表1－5）。

　金融界は、2000年以降不良債権処理に重点を置いた経営を推し進めた結果、貸出残高は減少の一途でした。そのなかで住宅ローンは長期間の元利均等返済スキームによる長期安定的な収益源として期待できるだけでなく、自己資本比率算出の際のリスクアセット比率が50％（新BIS規制では35％に引き下げられている）である点から、一般事業性融資の拡大に比べても、健全性を示す指標である自己資本比率改善に貢献する点で住宅ローン推進のインセンティブは高かったと思われます。

　2003年3月末から2011年3月末までの8年間の貸出金残高は21.3兆円増加していますが、その内訳としては住宅ローンが16.6兆円、事業先融資が5.6兆円と約8割が住宅ローンの増加分となっています。その結果、全貸出金に占める住宅ローン残高は28％を占めるまでにそのウェイトを増しています。

　金融庁が示した「地域密着型金融の機能強化計画」においては、中小企業融資残高の増強が重点テーマであり主要命題となっていますが、長引く景気低迷の影響を受け、事業性融資の伸びが鈍化、減少しているなかで、最終的には個人向け消費者ローン、とりわけ「住宅ローン」を積極的に推進せざるをえないというのが現状といえます。

図表1−1　新設住宅着工戸数の推移

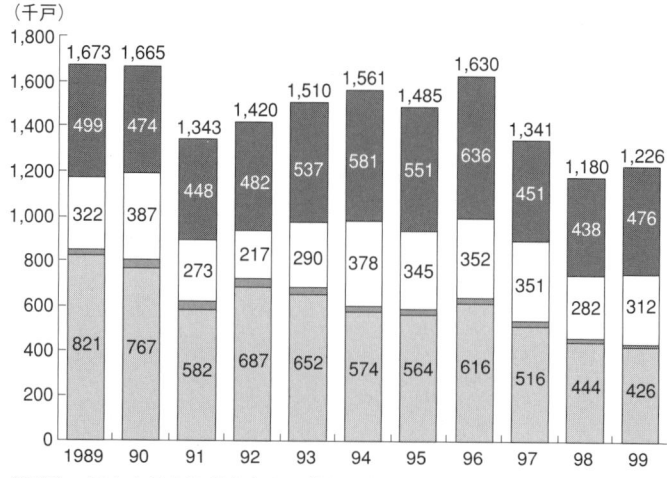

(出所)　国土交通省資料をもとに筆者が作成。

図表1−2　新設着工戸数と新規融資額の推移

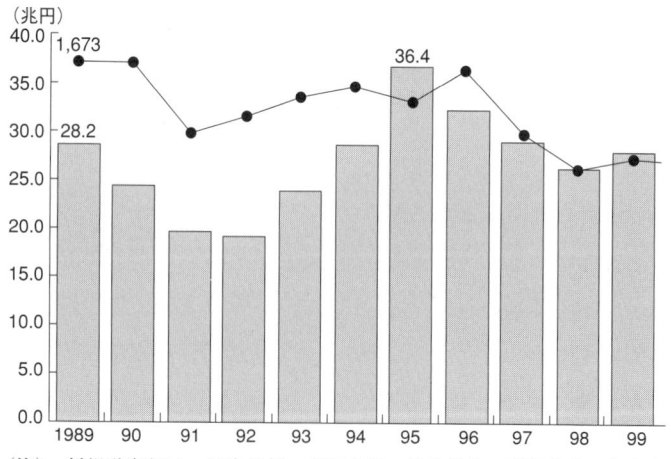

(注)　新規融資額は、国内銀行、信用金庫、信用組合、労働金庫、住宅金
(出所)　国土交通省と住宅金融支援機構公表データをもとに筆者が作成。

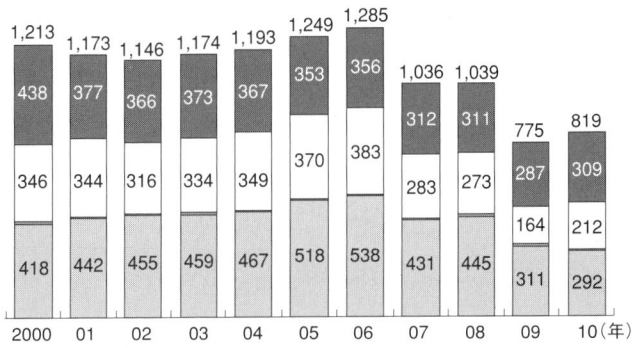

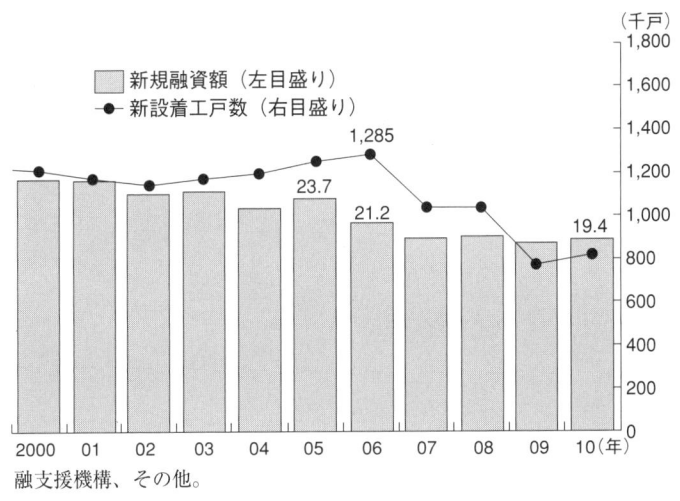

融支援機構、その他。

図表1-3 年度別・業態別新規貸出金額推移

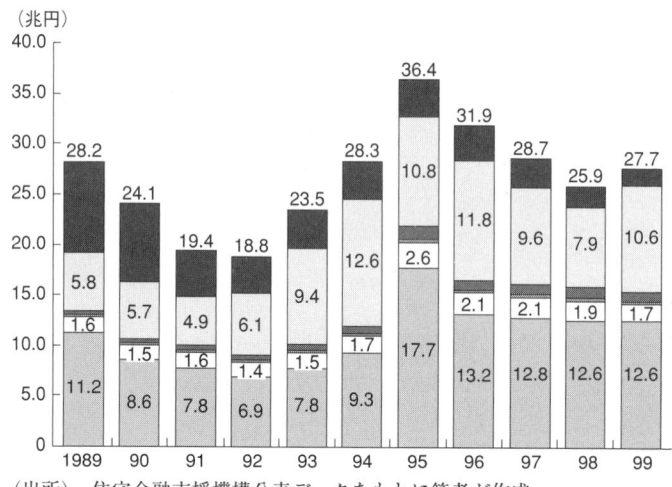

(出所) 住宅金融支援機構公表データをもとに筆者が作成。

図表1-4 業態別・年度別住宅ローン残高推移

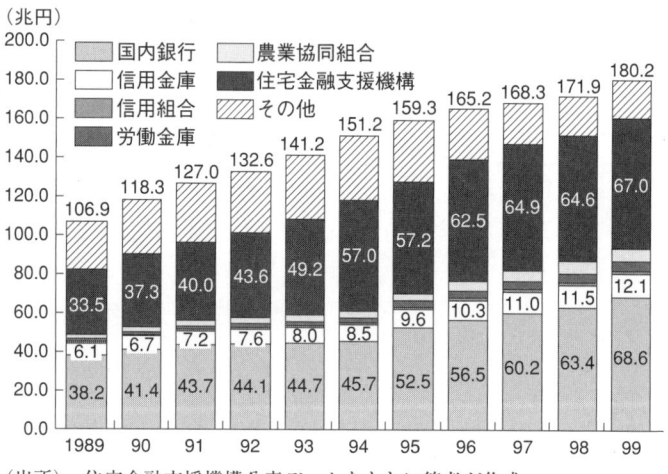

(出所) 住宅金融支援機構公表データをもとに筆者が作成。

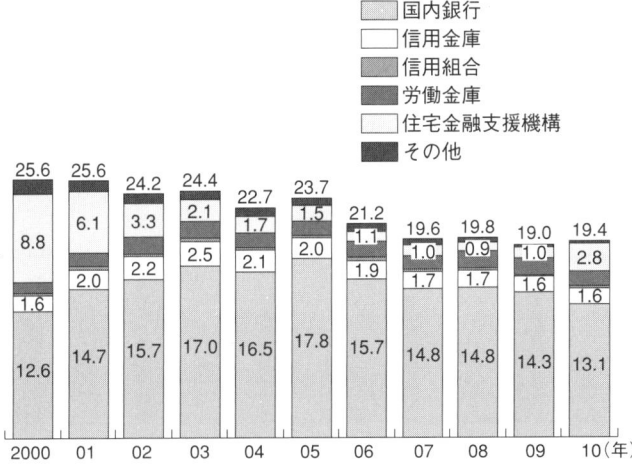

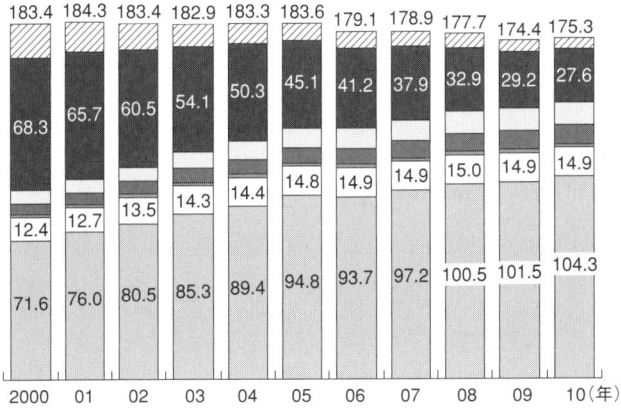

第1章 住宅ローン推進の現状と課題

図表1-5 地方銀行の貸出金等の推移

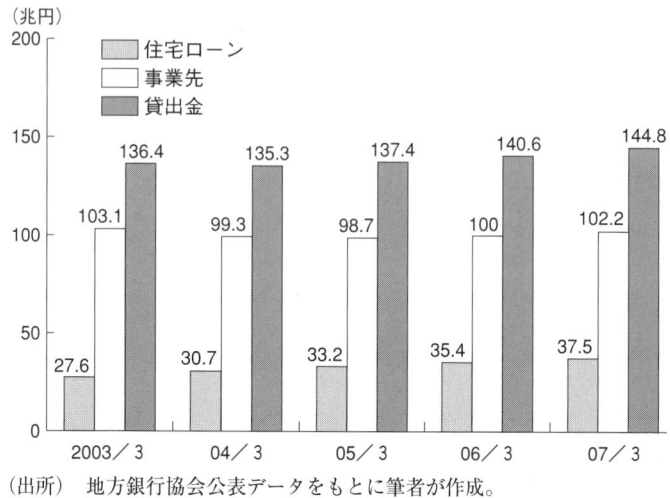

(出所) 地方銀行協会公表データをもとに筆者が作成。

　住宅着工戸数の伸びが期待できない状況下、住宅ローン残高は、今後、横ばいから減少に向かうものと思われます。民間金融機関はこれまでのように毎期5％以上の割合で残高を伸ばすことはむずかしく、民間金融機関間の借換えによる奪い合いがさらに高まることが予想されます。

　こうした状況下では、新規に住宅ローン先を獲得するだけでは収益にはなかなか結びつかず、既存のお客さまとの取引を約定どおり20年、30年続けていただくことで残高の確保と収益性向上を図る戦略への転換が求められていると考えられます。

　ちなみに、住宅金融支援機構が発表している2010年度の住宅ローンの新規貸出調査では、「新規貸出に占める借換の割合に

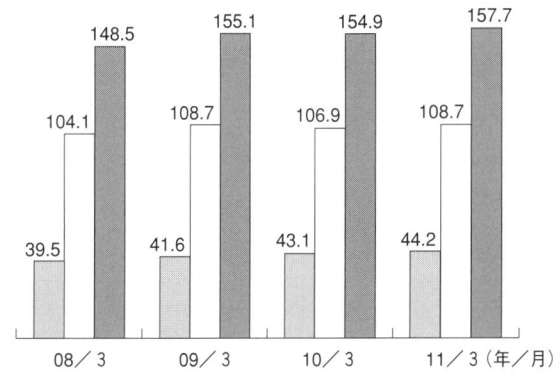

関しては単純に平均すると36.7％となりますが、3割以上の機関は全体で59.8％と6割を占めている」こと、各金融機関の住宅ローンへの取組姿勢に関して「借換案件の増強に積極的に取組む」機関が63.2％、「金利優遇の拡大に積極的に取組む」機関が54.9％と、他行顧客の奪取に重点が置かれていることが示されています。

　また、同調査では貸出金利に関して、調達コストの参考指標を営業経営、預金利息とする先が全体の7割強を占めていますが、金利を決定する際に考慮する要因は競合する他金融機関の金利と回答した先が、変動金利型で96.4％、固定期間選択型で96.1％と、ある意味採算性は考慮しつつも、獲得を最優先する

結果、他行金利をベースに決定していることが顕著に現れています。その結果、住宅ローンにおける想定されるリスクとしては、金利競争による利鞘の縮小と回答した機関が最も多く91%に達しており、景気低迷による延滞増加を懸念するリスク68.8%を超えている状態です。さらに、今後の営業活動に関しても、金利優遇を前提とした推進を継続するとした理由として「競合機関との対応策として」とした機関が76.9%を占めており、金融機関同士の消耗戦となる可能性を秘めていること等の調査結果がまとめられています（詳しい内容については、住宅金融支援機構ホームページの「平成23年度民間住宅ローン貸出調査結果」（http://www.jhf.go.jp/files/100410635.pdf）に掲載されています）。

第 2 章 住宅ローンの商品性

住宅ローン市場が成熟するなかで貸出先を獲得するためには、競合する他機関と比べどれだけ魅力のある商品を提供できるかを考える必要があります。つまり、住宅ローンという「商品」として利用者に求められる要因は何かを考えなくてはなりません。

1 商品設計

　このような問題意識のもと、現在の各金融機関の商品体系を考えてみましょう。一般的には図表2－1に記載されている「資金使途」「返済方法」「適用金利」の組合せで分類することができます。この3つの要素に加え、利用者の状況に応じて、「借入期間（最長35年）」や、「完済時年齢」「所得に対する返済額の割合」「借入上限金額」「担保の有無」「保証人の有無」「手数料」などの条件を設けているケースがほとんどです。

　これらの条件に加えて、「手続の方法」と「付加サービス」を考慮する必要があります。手続の方法とは、住宅ローンを利用したいと考え、具体的に申し込んでから融資が実行されるまでの「時間」と「利便性」を意味しますが、ネット専用銀行等は、すべての手続をメールや電話、郵便で行うなど「利便性」は非常に高くなっています。最近では「手続」をいかにして簡素化するかが「競争力」として注目を集めていますが、詳しくは、第5章の「住宅ローン業務プロセス改革」で説明します。

　次に、付加サービスですが、代表的なものとして「保険」の付与があります。住宅購入は個人にとっては最大の買い物であり、ローンを利用する場合も20年、30年と長期間になるのが一般的であり、借主が亡くなった際に残された家族を守るという観点から「団体信用生命保険」を付与するケースが大半を占め

図表2−1　現在取り扱われている住宅ローンの商品概要

※基本的には資金使途・返済方法・適用金利により分類することができる。

【資金使途別住宅ローン】

新築住宅ローン	新規に住宅・マンションを購入する際のローン
借換え住宅ローン	現在利用中の住宅ローンより有利な条件のローンへ借り換える際のローン
住替え住宅ローン	新しく購入する住宅への買替えをスムーズに行うためのローン
建替え住宅ローン	住宅を取り壊し建て替える際に利用するローン
リフォームローン	住宅修繕やバリアフリー化等の住宅リフォーム全般をサポートするローン
諸費用ローン	消費税・不動産仲介料・保証料・登記料・火災保険料等住宅取得に係る諸費用支払をサポートするローン

【返済方法】

元利金等方式	元金と利息部分をあわせて毎回同じ金額を返済する
元金均等方式	元金部分を返済回数で均等に割った金額を返済する
ボーナス時増額返済	年2回ボーナス時に増額返済する方式〜借入額の50％以内
ステップ返済方式	当初5年程度返済額を少なくし、以後返済額を増額させる方式
その他組合せ方式	一定期間内返済額を変更できる（一時減額後、増額等）
繰上返済	全額繰上返済、一部繰上返済（期間短縮／返済額減額）

※返済条件変更、繰上返済の際には手数料を徴収するケースあり。

【その他条件】

・借入期間（最長35年）
　完済時70歳
・前年度年収制限
　一般的＝3百万円以上
・借入金額
　上限は100百万円
・担保〜第一順位抵当権
・保証人〜原則不要
・手数料
　保証料、融資実行手数料（無料のケースもあり）
・繰上返済
　手数料なしで対応もあり
　自動的に返済へ充当もあり

【適用金利】		【一般的適用金利】
固定金利	一定期間適用金利を固定する。(最終まで固定金利適用もあり)	1年固定＝1～1.8% 5年固定＝2～2.5% 10年固定＝2.8～3% 20年固定＝3.65% 変動型＝1～1.5% 上限付変動＝2.5%
変動金利	半年に1回短プラ基準で金利を見直し。返済額は5年ごとに変更。	
上限付変動金利	金利が変動しても設定した上限金利までを条件に金利を見直す。	

※初年度1%キャンペーン等あり
※預金残高分金利ゼロ等あり
※取引内容で金利優遇あり

他付機能…疾病保険による返済負担補償／手数料の優遇措置／契約・借入返済手続簡素化

(出所) 筆者作成。

ています。最近では、病気により長期間入院した際にローンの返済を補てんする疾病保険を付与するケースも出てきています。「保険」の付与は、住宅ローン利用者に「安心」を提供するサービスとして考えられているものです。

　一方、個々のお客さまに対して、住宅ローンに関する主要条件について、どの組合せによる商品の提供がよいのかという見方はおそらく十分ではなかったのではないでしょうか。特にこの数年は、競合他行に勝つために、固定金利型の安い金利商品で（ここ1、2年は変動金利型住宅ローンが主流となっていますが）、期間を長くして毎月の返済負担を軽減する傾向が強かったのではないかと思われます。

　本来であれば、金利や返済方法については、お客さまの年齢、勤労状態等の条件など、ニーズに応じた組合せをお客さま

とともに考えていく必要があるのですが、住宅ローンを推進するという点が重視され、お客さま目線の商品提案ができていないことが問題といえます。一般に、本部企画部門が住宅ローンの目標を計画する場合、対前年比〇％増加のように残高ベースの目標設定をされているケースがほとんどです。目標を達成するための活動に関しては、営業現場の方々に任せきりという状態になっているのです。

　本来、金融機関に求められるコンサルティング機能とは、お客さまが住宅ローン商品の利用を考えた段階で、商品の内容を正確に説明し、お客さまの要望を組み込んだ内容で将来的にも負担にならないようなアドバイスを行う対応をしなければなりませんが、営業店の現場では、ローン残高をふやすために、適用金利を引き下げ、融資期間を長く設定することで、収入に見合う返済負担を意図的につくり、実行しているケースもあるのです。

　たとえば、給与所得者について、「年間所得に占める住宅ローンの返済額の割合＝DTI（Debt to Income）」は25％以下という条件でなければ融資審査が通らないとした場合、20百万円の住宅ローンを利用する際に必要となる年間所得額を「適用金利」「返済期間」の組合せで計算すると以下のとおりとなります。

① 　期間中適用金利＝3.2％、返済期間＝25年とすると、
　　年間の元利金返済額＝1,163,230円となり「DTI＝25％」に必要な年間所得額は4,652,918円となります。

② 期間中適用金利＝1.8％、返済期間＝35年とすると、
年間の元利金返済額＝770,613円となり「DTI＝25％」に必要な年間所得額は3,082,477円となります。

つまり、融資の可否判断として適用される「DTI＝25％」という条件は適用金利と返済期間によって基準となる年間所得金額に1,500,000円以上の差ができるのです。裏を返すと、若くて所得が少ない人でも期間を長く設定すれば借入れができるということになります。また、②のケースの条件で、年間所得額が①のケースの場合であれば、借入金額は30百万円まで可能となります。

従来までの考え方では、住宅を取得する際には20～30％程度の自己資金があることが条件となっており、購入価格の70～80％を住宅ローンとして利用するケースが一般的でしたが、獲得競争の結果、購入価格全額、さらには諸費用までも加算した額で住宅ローンを提供する金融機関も存在しています。

住宅ローン残高を伸ばすことを目的とするあまり、本来、借入れするには無理があるお客さまに対して「金融機関」側が能動的に働きかけて獲得しているケースが非常に多いのではないかと思われます。

2 適用金利

　現在の住宅ローン金利は「市場金利」が低位に推移していることから、過去十数年間非常に低位で推移しています。さらに、金融機関同士の競争が激しいこともあって金利引下げ競争の様相となっているのですが、金融機関経営の観点から採算性も加味した適正な金利水準をどのように考えたらいいでしょうか。

　本来、金融機関として適正な利鞘を確保して運営するために必要な金利の算定根拠を考えると図表2－2のようになります。

　貸出に必要となる資金をすべて市場から調達したと仮定し適正な金利水準を考えると、市場における資金調達コストをベースに、「営業活動に必要な費用」と、期間中に返済が滞り資金が回収できなくなる費用＝「信用コスト」と、「想定すべき利益」を加味して金利を設定する必要があります。

　事業法人への融資の場合、信用コストは算出期間中の想定デフォルト率と回収できない未保全額によってロスが想定されます。その想定されるロスを補うため、どれだけの利益を確保しなければいけないか考えますが、住宅ローンの場合はどのように考えるべきでしょうか。

　現在の金融機関は預金が貸出金を上回るオーバーセービング

図表2-2　個者別収益算出手法から考える金利判定基準

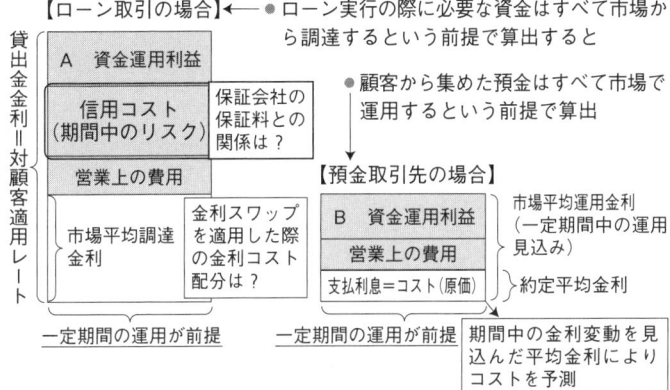

重要な要素として考えるべきテーマとは…
- 一定期間の運用および調達の残高と金利推移を正確に予測できる仕組みが必要（ALMによる残高落込み予測と金利予測／個別の案件管理機能が必要）
- 融資案件の場合は期間中の損失予測ができる〜信用リスク管理／計量化機能が必要
- 営業に関する費用（顧客別）の予測ができる〜原価計算機能と行動管理機能が必要

（出所）　筆者作成。

の状態になっているケースが大半であり、上記の市場における調達コストは預金金利として顧客に支払う利息分を資金調達コストと考えることができます。日銀の政策金利である公定歩合をベースとして預金金利は決められていますから、ほとんどゼロに近い金利で推移しており、調達コストは0.1〜0.2％程度と考えることができます。

また、営業活動に必要となる経費には「人件費」「物件費」「税金」等がありますが、経費率（対預金平残比）は1.2〜1.5％程度と考えられます。想定すべき利益率に関しては、資金を運

用した結果得られるであろう利益である総資金利鞘と仮定すると0.2〜0.3％と考えることができます。

ここで、問題となるのが信用コストです。住宅ローンの場合は大半の商品が保証会社の保証により保全されており、万が一、債務者の方が住宅ローンを支払うことができなくなっても保証会社が全額返済を引き受ける制度があるため、信用コストはゼロと考えることができます。保証に必要となる費用については、保証料として借主が個別に支払うことからコストとしてとらえる必要もありません。

以上を総括すると、金融機関によって経費率は異なりますが、現在の金利環境における標準的な金利は、変動金利の場合、市場の金利にあわせて6カ月ごとに金利を見直すこととなりますから、現時点では「1.5〜2.0％」が採算ラインとみていいのではないかと考えられます。

また、固定金利に関しては、今後の金利上昇見込み等を総体的に考える必要がありますが、金利スワップ等のリスクヘッジ手法により金利上昇リスクを回避する方法を採用している金融機関も多く、スワップ手数料率等の費用を考慮して決定していると思われます。ただ、最近は、金利競争により基準金利から1〜1.5％程度優遇するケースも多く、採算ラインを大きく下回っているケースが大半ではないでしょうか。

最終的には、「このような特性のお客さまに対しては、このような基準の商品」を提供すると明確に定めたうえで営業推進をすることが必要であり、「資金使途、返済方法、適用金利」

で分類した商品を、どういう層の人に提供していくのかを考えておく必要があるでしょう。収益性はあるのか、コストはどれだけかかるのか、ロスはどれだけ発生するのかをふまえた見方で商品設計を行い、推進方法を考えることが必要と思われます。

3 保証会社保証料

　現在の金融機関が取り扱う住宅ローンについては保証会社の保証を利用するケースが大半です。国内銀行の場合は自行の関係会社保証を利用しますが、信用金庫の場合は、業界で設立した「しんきん保証」の保証を利用するケースと、民間の保証会社である「全国保証」の保証を利用するケースに分かれています。

　保証会社保証は、借主が返済を滞った場合は、借主にかわって借入金を保証会社が支払う制度＝代位弁済であって、借入金額と借入期間によって定められた保証料を借主が負担するものです。

　一般的に保証料は、100万円当り約5千円（5年）〜20千円（35年）となっており、20百万円のローンを20年間で契約するとなると、15千円×20＝30万円程度の保証料負担となります。また、分割払いということで、毎月の借入金と一緒に支払う方法もありますが、年利0.2％程度が一般的で一括で支払うよりも割高になります。また、最近では住宅ローンの商品性を高める意味から保証料を無料とするケースも出てきていますが、全体としては金融機関にとって融資した資金が返済されないリスクを完全に補完することができるため、保証会社の保証を義務づける機関も多くなっています。

しかし、ここで問題となるのが、国内銀行のように関連会社が保証を行っている場合、特に連結対象となる関連会社の場合は、元金を回収できなくなるリスクを考えなければなりません。借主が返済を滞り保証会社が借主にかわって銀行からの借入金を弁済したとしても、保証債務を履行したことであって、保証先である借主からはなんらかの方法で弁済金を回収しなければなりません。回収できなければ結果として損失が顕在化することになるのです。

　融資した住宅物件については、保証委託契約に基づく担保権が設定されていますから、代位弁済した時点で債権者は保証会社となり、債務者から融資金を回収するために物件を処分することで回収を図ることとなりますが、物件価格が下落していれば当然その時点で損失が確定します。特に物件がマンションの場合は、融資実行時の販売価格と数年経過した時点の処分価格には相当の目減りが発生するため損失は拡大するケースが大半となります。では、借主から徴収している保証料によって当該損失は補てんすることができるでしょうか。一般的な保証料率による「貸出金額30百万円、貸出期間20年、保証料15千円／100万円当り」という条件で、年間の延滞発生状況（0.1〜0.5％）と代位弁済後の物件処分による元本回収見込額50％として、単純にシミュレーションしてみると図表2－3のとおり、保証会社経費と物件処分による回収見込額を考えなくても、現状の保証料率による収入では、6年目に損益はマイナスとなります。無理な貸出により延滞する可能性が高まれば当然

図表2-3　保証料収入による損益シミュレーション

【前提条件】
　住宅ローン＝＠30,000千円／期間20年／元利金等返済（年間返済元金：1,110千円）
　保証料金額＝＠14,834円／100万円
　延滞率＝1～2年…0.1％／3～4年…0.3％／5年以降…0.5％
　代位弁済後物件回収見込額＝代弁額の50％相当額（…競売処分による回収を想定）＝1年後の回収を想定

新規獲得件数		2,500				
＠ローン単価（千円）		30,000				
ローン実行額（百万円）		75,000				
＠保証料単価（千円）		445				
保証料額（百万円）		1,113				
年元金返済額（千円）		1,100	代弁累計	保証料差	回収(50%)	粗損益
1年後デフォルト率／件数	3	0.1%	3			
〃　代弁額（百万円）		74	74	1,039		1,039
2年後デフォルト率／件数	2	0.1%	5			
〃　代弁額		71	144	968	37	1,005
3年後デフォルト率／件数	7	0.3%	13			
〃　代弁額		215	360	753	35	825
4年後デフォルト率／件数	7	0.3%	20			
〃　代弁額		195	555	557	108	737
5年後デフォルト率／件数	12	0.5%	33			
〃　代弁額		311	866	247	98	524
6年後デフォルト率／件数	12	0.5%	45			
〃　代弁額		296	1,161	－49	155	384
7年後デフォルト率／件数	12	0.5%	57			
〃　代弁額		281	1,442	－329	148	251

（注）　代弁額は年間返済額を考慮した平均残高により算出。

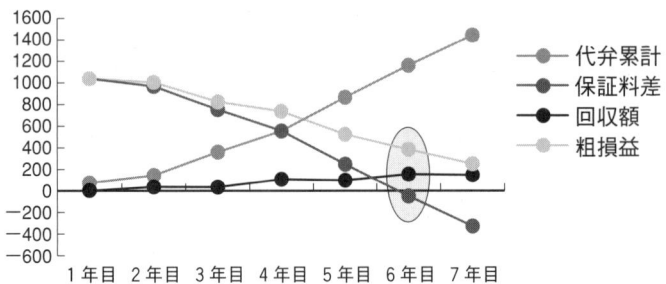

（出所）　筆者作成。

代弁率も上昇するため、現状の保証料率では損失分を補完できなくなることは明確ですので、国内銀行の関連保証会社についてはなんらかの対応策を講じる必要が出てくるでしょう。

4 住宅金融支援機構

　従来、国の公的機関として一般消費者向けに提供していた住宅金融公庫の融資を引き継ぐかたちで、住宅金融支援機構が2007年から取扱いを行っている「フラット35」は、民間金融機関と住宅金融支援機構が提携して提供する長期固定金利の住宅ローンです。

　短期資金で資金調達を行う民間金融機関は、20年、30年という超長期の固定金利型住宅ローンを取り扱うことがむずかしいことから、住宅金融支援機構が、フラット35を取り扱う民間金融機関から住宅ローン（フラット35）の債権を買い取り、それを担保とする債券を発行することで長期固定型の住宅ローンを提供する仕組みとして扱われたものです。

　一種の証券化による商品といえますが、借主側からすれば、取扱金融機関の窓口で長期間固定の住宅ローンを利用することができる点では、通常の住宅ローンとなんら変わるものではありません。民間の金融機関では、自己の資金で住宅ローンの取扱いをふやしたいという意向から「フラット35」を積極的に取り扱っていない金融機関も多いようですが、借主側の立場に立てば、選択できる商品ラインナップが多いほうが「お客さま指向」ともいえますので、商品性の観点からも検討することは重要といえるでしょう。

また、フラット35は、金融機関への手数料分を加味した金利が、対お客さまへの融資適用金利となりますが、金融機関によって手数料部分の扱いに違いがあるため、取扱金融機関によって金利に差が出ています。

第 3 章 住宅ローンに潜むリスク

金融機関経営全般にいえることですが、ある業務を考えた場合、リターン（収益）があれば必ずリスク（危険）が内包されています。さらに業務を運営していく過程では、必ずコスト（費用）がかかります。

　図表3-1は、リスクとリターンとコストとの関係を表現したものです。3つの要素をバランスよくどのようにして保ったらよいか、経営全体としてはもちろんですが、事業分野別にもそれぞれ考えなければなりません。年間リターンの額に対して想定されるリスク量はどの程度なのか、全社的にとらえると同時に事業部門別にとらえる必要があります。その結果、最終リターン（収益）の範囲内でリスクを制御できるか否か。制御で

図表3-1　商品開発時に検討すべき3つのキーワードの関係

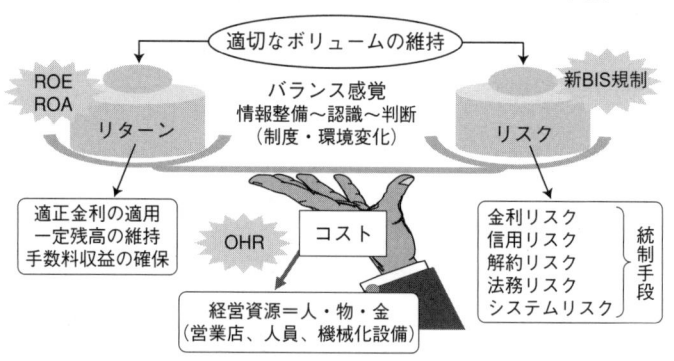

```
            適切なボリュームの維持
  ROE                                    新BIS規制
  ROA         バランス感覚
              情報整備～認識～判断
   リターン    （制度・環境変化）      リスク

  適正金利の適用                        金利リスク  ┐
  一定残高の維持        OHR   コスト    信用リスク  │
  手数料収益の確保                      解約リスク  ├ 統制手段
                                        法務リスク  │
                   経営資源＝人・物・金  システムリスク ┘
                   （営業店、人員、機械化設備）
```

◆入口から出口までの全行程で想定されるコストとリスクを制御できる体制整備が必要！
場面でのコスト改革 |告知⟩提案⟩受付⟩審査⟩契約⟩保守| 場面でのリスク制御
（出所）　筆者作成。

きなければそのリスクを統制するために、どう予防しなければいけないのかを考える必要があります。場合によって、想定する収益の範囲内にリスクを収めることがむずかしい場合には、証券化や保険等の手法を活用してリスクそのものを外部に移転させるという考え方も検討しなければなりません。

　実際に住宅ローンの推進、管理を行うにあたり、このような見方がなされているかどうか考える必要があります。事業法人融資については、個者別採算により、収益とコスト、リスクに見合うかどうかにより、貸出金利を決定し、格付という概念からリスクを体系化していると思います。ところが、住宅ローンについては個者別採算のような見方をされているかというと、おそらく実施されていないのではないかと思います。

　住宅ローンに関する信用リスクはおそらくゼロととらえている方が多く、特に保証会社保証による住宅ローンのケースではそのような指摘がよくなされています。ところが、新BIS規制のバーゼルⅡでは、関連子会社については連結でみなければいけません。ですから、地方銀行の保証会社のように連結でとらえた場合は、基本的に当該リスクを考慮していることが多いのではないかと思います。しかし、業界団体等の外部保証を受けているケースでは、リスクをみていないケースがほとんどではないかと思います。

　金利についても、現実的には激しい獲得競争がありますから、自社のコストやリスクを勘案するのではなく、競争で勝ち、ボリュームを積み上げるための金利体系の設計をおそらく

図表3－2　住宅ローン途上与信管理の目的を体系化すると…

最終目的＝「住宅ローン債権に内包される想定リスクを回避するため」と定義

- 金利リスク
  - 期間中適用金利と市場金利の変動（上昇）による期間損益の減少
  - 当初貸付時適用金利（固定金利特約型）と変更時適用金利差による期待損益の減少

  → 初期リスク回避　事後リスク回避（証券化）

- 信用リスク
  - 債務者の信用状態悪化に伴う約定不履行（一時延滞）による期間損益減少
  - デフォルトによる貸倒発生時の元利金回収不能の発生

  → 初期予信判断強化　途上与信判断強化

- 解約・返済リスク
  - 一時金による繰上返済による期待収益の減少
  - 管理不在による全額繰上返済による機会損失
  - キャッシュフロー変化（運用資金増加）による運用調達計画変化

  → 実行後管理強化　ALM機能連携

- 法務リスク
  - 商品内容説明義務違反（商品特性や保険適用条件等）に伴う顧客間トラブル→係争への発展→クレームへの拡大

  → 商品性の見直し　説明態勢の強化

- システムリスク（業務プロセス）
  - 提案〜受付〜審査〜契約〜実行〜回収の全業務プロセスにおける業務規程違反に伴うリスクの顕在化

  → JSOX対応強化

（出所）　筆者作成。

されている機関が多いのではないでしょうか。ただし、市場が右肩上がりの時のように、ボリュームがふえることで収益が得られたとしても、現時点では本当にその貸出から収益を得られる仕組みとなっているか、常に見直していくことも必要となります。

　つまり、住宅ローンの場合、一般的には長期間の「元利均等返済」型商品が主流で、おそらく最初の5、6年は利息収入が多く、収益性が高いといわれていますが、一方でこれらの商品のリスク面もあわせてみていく必要があります。住宅ローンのリスクとしては、「金利リスク」「信用リスク」「解約リスク」「法務リスク」「システムリスク」が考えられます（図表3－2）。

　以下、金利リスク、信用リスク、解約リスクの概要について考えてみます。

1 金利リスク

　新設住宅の着工戸数が伸び悩み、新規住宅ローンの取扱い競争が激しくなるなか、「金利競争」は激しくなる一方です。金融機関の住宅ローン商品は、住宅金融支援機構が提供する「フラット35」に代表されるように、固定金利約定型（一定期間金利を固定する）が主流となっていました。しかし、十数年以上続く超低金利時代の昨今、1％以下の変動金利を提供する金融機関も出てきています。たしかに、20年、30年の長期期間の元利均等返済において、約定金利が2.5％、3.5％と1％の場合で毎月の約定返済額の元利金額を比較すると以下のとおりとなります。

元金：20,000,000円
　　期間＝20年　金利＝2.5％…毎月：105,981円
　　　　　　　→金利＝1％…毎月：91,929円
　　期間＝30年　金利＝3.5％…毎月：89,809円
　　　　　　　→金利＝1％…毎月：64,328円

　約定時点の金利が低ければ低いほど、毎月の返済額は低くなりますので、当然、収入が低い若年世帯の方々にしてみれば毎月の返済額が軽減できる「変動金利型」の金利の低いほうを選択するのが当然と思われます。特に都市銀行は、最近の新規貸出住宅ローン全体の9割以上は変動金利となっています。地方

銀行も8割近くは変動金利という状況です。

　しかし、変動金利を適用した場合、低い金利が今後10年、20年間同率で続くということはありません。変動金利型住宅ローンの場合は、6カ月ごとに適用金利を市場金利の動向を加味して見直しますが、定められた元利金返済額に関しては5年間変えない仕組みになっています。金利が下がれば元金の返済額をふやし、金利が上がれば元金の返済額を減らすことで調整しています。また、5年おきに見直す返済額ですが、見直し前の返済額の1.25倍が上限となっていることが多くなっています。

　ということは、契約時点で1％の変動金利が今後の長期金利の動向によって4％以上に上昇したとすると、30年間のローンの場合、利息の支払額が毎月の元利金返済額を上回ってしまうことになります。バブル期に長期金利が9％近くまで急上昇した際に、実際に発生した事例ですが、約定予定額では利息も支払えなくなり、結果として利息が未収となる事態です。

　借入れをしている一般の利用者にとっても、金利が上昇に転じれば契約期間中の支払利息額が増加することになりますが、金融機関側は利息や元金の回収ができなくなることになるのです。

　金融機関の場合、適用金利に関しては積上げ方式で体系化することがほとんどです。住宅ローンも基本的には「資金の調達コスト」「営業活動のコスト」「デフォルトした際に見込まれる損失率＝信用コスト」「期待する利益率」から構成されなければなりませんが、昨今の金融機関は、適正な金利による収益を

考えるよりも、貸出ボリュームを重視するあまり、適用金利は競合する他行動向を加味した設定になっているようです。つまり、現在の住宅ローンは高い収益性が見込まれるリテール貸出の「雄」という側面はなく、場合によっては不採算になっている可能性があるのです。

固定金利に関しては、中長期的な観点から今後の金利上昇の可能性を見越して変動金利よりも高く設定するケースが一般的です。最近は、契約期間中の金利を固定するために、デリバティブ等の金融工学技術を活用して、一定期間低利な金利を適用するケースも多くなっていますが、固定期間の期日が到来した際の対応を考えると、急激に金利が上昇した場合の対応を考慮しなければなりません。特に、5年、10年と期間を固定して低利な金利を適用しているケースも多いのですが、期間中の収益性は確保できているのか、契約期限到来後の金利決定で引き続き利用を継続してもらえるか否か、管理面からも検討しなければなりません。さらに、契約期限前に繰上返済をする場合、多額の違約金を徴収するケースがありますが、商品を契約する際に「商品説明」を正しく行っていなければ、お客さまとの間でトラブルになる可能性もありますので、細心の注意が必要といえます。

基本的に銀行のビジネスを考えた場合、ローンは1年間以上継続して一定の残高を維持してもらわなければ、最終的に想定された利息を受け取ることができないという営業モデルです。車やテレビのように商品を買ってもらった時点で利益が計上さ

れるわけではなく、1年間、契約されている残高を確実に維持してもらうことが前提で、貸出金利を体系化しているため、契約期間中に金利が変更になったり、早期返済や解約がなされた場合、これらのコスト負担や期待損失を的確にとらえ、そのうえで適用金利を決定する必要があります。

　商品としての優位性向上だけのために適用金利を引き下げる方策は、金融機関としての収益に重大な影響を与えることはもとより、対お客さまとの関係上においてもさまざまなリスクを内包していることを理解しておく必要があります。

2 信用リスク

　一般的に信用リスクとは、借主が借り入れたお金を約定どおり返してくれなくなり貸倒れになること＝デフォルトすることで損失を負う危険と表現することができます。金融機関にとっての信用リスクは最終的に貸出金がどれだけ毀損するのかということになりますが、金融機関が扱う住宅ローンの大半は系列の関係会社や業界団体が設立している保証会社を使用することで最終的な回収ロスはないという前提で考えられているようです。保証会社の保証料については借主が一括で支払っているのが一般的ですから、期間中にデフォルトする信用リスクのコストは考えなくてよいという組立てになっているのが一般的です。

　金利リスクのところでも説明しましたが、現在の住宅ローンの推進については、ボリュームをいかにして引き上げるかが重要であり、採算性や貸倒リスク等をあまり考慮しないケースが大半なのです。

　信用リスクの要素である「デフォルト確率」に関しては、貸し出した資金を約定どおり返済してくれるか否かを見極めることですが、多くのケースでは返済が滞ったとしても保証会社が全額負担してくれたり、また、大半の利用者は団体信用生命保険へ加入することが多いため、借主が死亡した場合も借入金の

回収に懸念はないことから「デフォルト」のリスクはほとんど考えていないのが実情です。前述のとおり、近年では、疾病等により収入が途絶えた場合の補てんとして「保険」を付保するケースも出てきており、貸し出した元金の回収について、債務者の返済能力に関してある程度考慮すればよいという状況になっているのが一般的といえるでしょう。

しかし、地方銀行のように関連会社が保証業務を行っている場合は、連結決算という観点からすれば、住宅ローン先がデフォルトした際の毀損額は直接的に影響することになります。

信用リスク量については「デフォルト確率×未保全金額（融資残高－物件時価額または処分見込額）」にて算出することができますが、基本的には、延滞が長期化して返済することが困難になった場合は、物件を処分して貸出金を回収することとなりますので「処分見込額」を正確に把握することができなければ、信用リスクへの対応はできていることにはなりません（図表3－3）。

物件の時価額と借入金残高推移の関係を簡単にシミュレーションしたものが図表3－4です。自己資本比率規制＝バーゼルⅡの際に、適格住宅ローンとして判断をすることができるか否かを監督官庁がシミュレーションした結果、融資を実行した際の物件評価額と融資金額との比率＝LTV（Loan to Value）を考えると、おおよそ70～75％であると契約期間中の物件残高と融資残高との差は逆転しないといわれています（土地付建物の場合）。つまり申込物件の時価額が仮に4,000万円としたとき、

図表3-3 顧客別採算から考えた場合の適正な条件判断基準

個者別採算を加味した収益算出ステップ

- Step1＝資金収益基準で算出
  - （・顧客別役務収益、役務費用算出）
- Step2＝業務粗利益基準で算出
  - ・信用コスト
  - ・活動基準に基づくト設定
  - ・チャネル別コスト算出基準設定
- Step3＝業務純益基準で算出

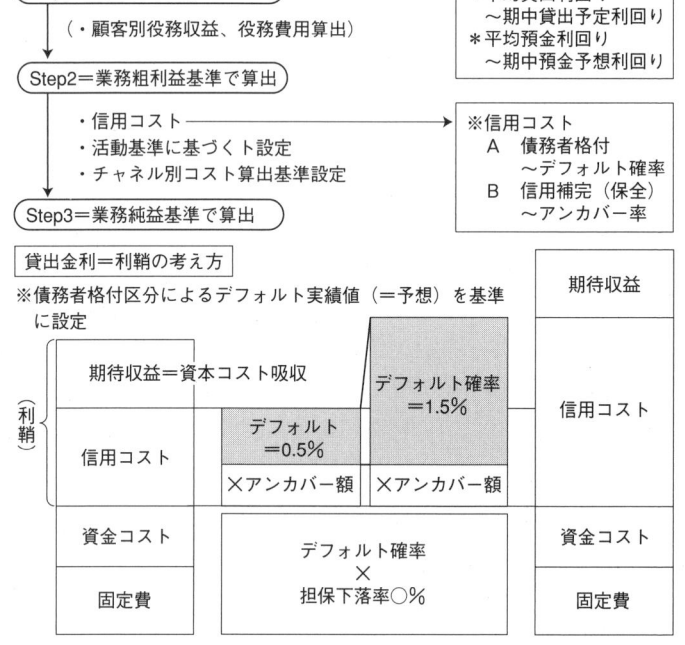

＊平均貸出利回り
  〜期中貸出予定利回り
＊平均預金利回り
  〜期中預金予想利回り

※信用コスト
  A 債務者格付
    〜デフォルト確率
  B 信用補完（保全）
    〜アンカバー率

貸出金利＝利鞘の考え方

※債務者格付区分によるデフォルト実績値（＝予想）を基準に設定

（利鞘）

期待収益＝資本コスト吸収		デフォルト確率 ＝1.5％	期待収益
信用コスト	デフォルト ＝0.5％		信用コスト
	×アンカバー額	×アンカバー額	
資金コスト	デフォルト確率 × 担保下落率○％		資金コスト
固定費			固定費

最終的には信用コストをどのように見極めることができるかがポイントとなる！

【信用コスト算出式＝（① 期間中想定デフォルト確率）×
　　　　　　　　　（② 未保全金額）】

① 推定DF率＝初期与信段階では自動審査モデル構築時のセグメント別推計値を活用できるが、次年度以降に関しては、モデルの定時見直検証結果を適宜反映させる

② 未保全金額＝初期与信段階では融資実行額に対する物件評価率〜「1－LTV」
　　　　　　　次年度以降に関しては、想定期間中の物件価格予測を反映させる

(出所) 筆者作成。

融資額は70%ですから2,800万円までになります。これは土地付建物であれば、建物の償却が終われば土地のみの価格になりますから、融資実行後15、16年ぐらいたつと、物件時価額はほぼフラットになっていきます。

当初の融資実行が時価額の70%を超えている場合は、3年、4年たった段階で残高と時価額の比率＝LTVは100%を超えてしまうケースが発生します。この場合は新しい自己資本比率規制における適格住宅ローンの範疇には該当しないこととなります。

2007年3月まで特例規定があり、その前までに実行したものについては、物件の時価額の洗い替えは必要ないといわれていました。ただ、同年4月以降の新規の物件については、おそらく洗い替えをして、適格か非適格かという判断をしていると思います。つまり、融資を実行する条件としては当然、LTVは80%までという条件を適用することになると考えられます。しかし、借換えなどの案件では、LTVは100%を超えているのが大半であるとみられます。特に、マンションは100%を超えているケースが多いと思われますが、その時に、リスクアセット35%の住宅ローンではなく、一般個人の75%アセットのローンという、「その他リテール」という見方をする必要がありますが、営業推進上、このような取扱いでよいのか考える必要があるでしょう。

これまで積極的に住宅ローンを推進した理由の1つとして、バーゼルⅠでは、リスクアセットが50%という条件がありまし

図表3-4　住宅ローン残高と物件価値予測値から考える未保全額

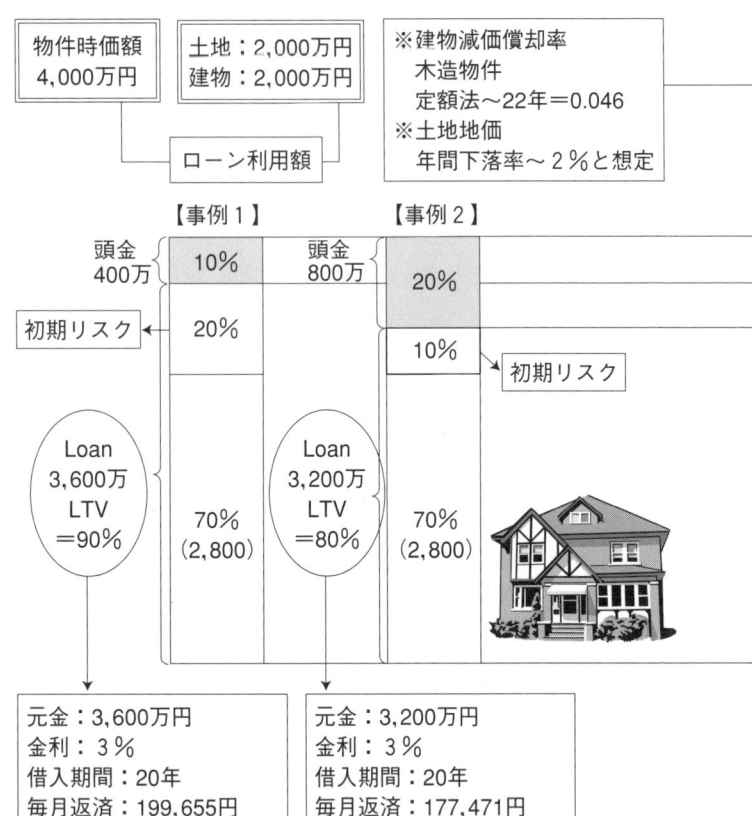

| 物件時価額 4,000万円 | 土地：2,000万円 建物：2,000万円 | ※建物減価償却率 木造物件 定額法～22年＝0.046 ※土地地価 年間下落率～2％と想定 |

ローン利用額

【事例1】　　　【事例2】

頭金 400万　10%
初期リスク　20%
Loan 3,600万 LTV＝90%　70%（2,800）

頭金 800万　20%
10%　初期リスク
Loan 3,200万 LTV＝80%　70%（2,800）

| 元金：3,600万円 金利：3％ 借入期間：20年 毎月返済：199,655円 年間平均返済額：142万円 | 元金：3,200万円 金利：3％ 借入期間：20年 毎月返済：177,471円 年間平均返済額：125万円 |

（出所）　筆者作成。

土地価格＝1,800万円	土地価格＝1,630万円
建物価格＝1,540万円	建物価格＝1,080万円
物件評価額 3,340万円	物件評価額 2,710万円

※中古市場価格を評価額の75％と仮定すると…

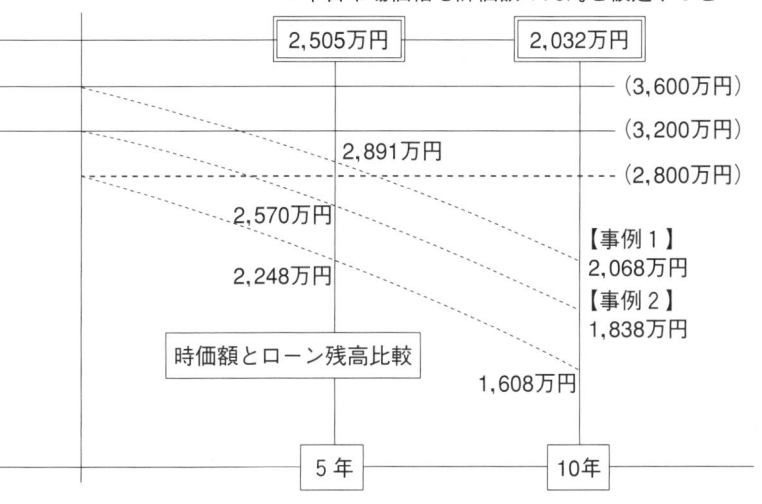

| 2,505万円 | 2,032万円 |

(3,600万円)
(3,200万円)
2,891万円 —————— (2,800万円)
2,570万円
【事例1】
2,068万円
2,248万円
【事例2】
1,838万円

時価額とローン残高比較

1,608万円

5年　　10年

※当初実行時の条件を前提に、期日経過後の物件価格を定期的に再評価し、ローン残高に対する時価額比率（＝LTV）情報を時系列で保有し検証する。
※物件価値下落に伴う損失の発生可能性を個別債権ごとに判定するには実行後の管理体制の整備が必須条件。

た。事業法人に1,000万円融資するのと、住宅ローンを1,000万円融資するのでは、リスクアセットが100％と50％ですから、当然アセットの低い住宅ローンを推進します。利鞘が法人融資より若干低くても、自己資本比率対策上、住宅ローンの推進に注力されていた要因の1つでした。そこがバーゼルⅡにおいて見方が変わりました。他行融資の借換えが主体となってきた住宅ローンのアセットを考えたときに、新しい基準で考えると、地域によって異なると思いますが、資産管理体制や自己資本管理体制という位置づけのなかではアセット額が高まる等マイナスに働く要素が多いため、新たな対応方法を考える必要があるでしょう。

3 解約リスク

　一般的に「貸し出した融資金が契約されている期限前に返済されることにより期待されていた収益機会を失うこと」を解約リスク＝プリペイメントリスクといいます。

　住宅ローンに関しては、一般事業者向けの融資と違い、貸出期間が長期になりますから実行した後の管理が重要になります。これまでの金融機関の営業戦略を考えると、新しく商品を利用していただくまでは積極的にアプローチをかけますが、契約に結びついた後の対応に関してはほとんど関知しないというケースが大半でした。住宅ローンに関しても、新規に住宅を購入する先、他金融機関の借入金を肩代わる先どちらについても、獲得するまでは管理しますが、融資を実行した後はほとんど管理していないのが現状です。渉外担当者等も、お客さまを管理する基準は預金や預り資産の残高が一定金額以上の方しかみていません。当然、住宅ローンを利用しているお客さまは、ローン残高は高いですが資産残高は少ないため管理対象外となるケースがほとんどです。

　貸出資産を評価する「自己査定」の際も、住宅ローンだけの先に関しては約定返済が契約どおり行われていて延滞状態になっていなければ「正常先」として具体的にアクションを起こすケースはほとんどない状態と思われます。

現在のように低金利の状態であっても住宅ローンに関しては一定の利鞘を確保できているのであれば、長期間安定的な収益資産として期待できる商品でもあり獲得までに相応の負担をかけても採算はとれると判断しているのが一般的です。

　しかし、住宅ローン市場が飽和状態に近くなっている状況下、金融機関間の競争が激しくなっており、かつ、金利の引下げ競争が起きているなかで、前述のように利用先に対して、実行した後の管理をいっさい行わない場合、肩代わりされるリスクが非常に高くなります。

　これまでの住宅ローンに関しては、年功序列・終身雇用という日本特有の雇用体系を前提に超長期の貸出期間を設定し、若い時代の返済負担を軽減し、退職時に残金を一括して返済するという慣習により組み立てられており、55歳から60歳になると退職金で残金を返済するケースがほとんどでしたが、最近では、利用者側のライフスタイルも変わり、金利や返済方法等を時々の家計の経済状態を加味していちばん適した商品へ乗り換えることが当然のようになっていることも１つの要因と考えることができます。

　金融機関における住宅ローン利用者の取引状況を、融資実行後からの経過年数ごとに分析すると、前述のとおり、「資金使途」「返済方法」「適用金利」の組合せと借主の年齢や他商品サービスの利用状態によっても特性は異なりますが、融資実行後５〜10年目に全額返済となるケースが顕著に現れています。

　本来であれば、長期間取引を継続してくれるお客さまは「採

算性」も高くなるのですが、5年を経過した時点で繰上返済になれば期待した利益を得ることはできないといえます。住宅ローン商品は、製造業や小売業で取り扱う商品のような明確な原価計算はむずかしいですが、「採算ライン」となる適用金利により毎年得られるべき粗利益額を現在価値に割り引き、一方で住宅ローンの契約を獲得するまでにかかる費用を算出し採算ラインを算定する方法も考えられます。ただし、基本は、長期間継続して利用していただくように「解約」させない営業施策を確立することが重要であると思われます。

第4章 本来あるべき住宅ローン審査の考え方

これまで述べてきたように、金融機関において住宅ローンは、景気低迷で中小企業貸出の増加がむずかしいなか、貸出残高のボリューム確保のために残高を増加・維持することが最優先されていました。また、商品特性から、万が一、借主が返済を滞っても保証会社がかわりに元本返済を行うことで、損失を被るリスクはほとんどないということもあって、一般事業会社向け融資における審査基準と比べれば非常に甘い対応がなされているのが現状です。

　本章では、住宅ローンに潜むリスクを把握し、管理していくためにも、住宅ローンという貸出業務における本来あるべき審査の仕組みについて考えてみることにします。

1　初期与信の考え方

　金融機関として健全な業務運営を行うという前提において、期待される収益と想定されるリスクのバランスから融資審査の基準を考えると以下のとおりです（図表4－1）。

　基本となる要因は4つあると考えることができます。

① 融資取引ができるか否か…「資格要件判定」
② 融資期間中に返済を滞る可能性があるか否か…「信用リスク判定」
③ 万が一返済が滞っても回収は可能か否か…「担保評価判定」
④ 契約期間中は継続的に取引をしてくれるか否か…「取引度判定」

　つまり、一定収益を確保することができ、損失する可能性がきわめて低い取引先か否かを見極める基準が必要となります。実際には、取引先に対する営業活動を最大限効率化することで収益性を高めることが必要となりますが、販売手法でもある「営業活動費用」におけるコスト面をどのように考えるかについては、第5章の「住宅ローン業務プロセス改革」にて考察したいと思います。

　それでは、上記4つの要因を考える場合、どのような基準に基づき考えればよいでしょうか。現在の住宅ローン商品におけ

図表 4－1 「リスク・リターン」から考える審査基準への転換

コスト・リスク調整後収益を基準とした顧客別採算管理

収益（リターン）管理	原価（コスト）管理	信用リスク管理
個別スプレットシステム （資金粗利益算出）	ABC原価計算システム （活動基準コスト算出）	信用リスク管理システム （期待損失算出）

期待損益判定機能　　　顧客別可否条件判定　　　信用リスク計量化機能

HIGH RISK　　　　　　　　　　　　　　　　LOW RISK
ハイリスク&ハイリターン　　　　　　　　　　　ローリスク&ローリターン
特例条件の適用範囲は？　　　　　　　　　　　特例条件の適用範囲は？

融資取引ができる顧客なのか否か？	▶資格要件判定
融資期間中に返済を滞る可能性はあるのかないのか？	▶信用リスク判定
万が一返済が滞っても融資物件にて回収はできるのか否か？	▶担保評価判定
契約期間中は継続的に取引を維持してくれるのか否か？	▶取引度判定

（出所）　筆者作成。

る一般的な「資格要件」も参考にしながら考えることにします。

　まず、重要な点は、当該商品を利用することができる取引先なのか否かを判定する必要があります。また、貸し出したローンを契約どおり返済してくれるか否かを見極めることも重要です。

　つまり、「契約期間中に定期的に安定した収入があるか否か」という点が重要となりますから、年間の収入があるのか否かを見極めるうえでポイントとなるのが定職に就いているのか

否か、就業期間はどれだけか、最終契約期限の年齢は65〜70歳までに収まるか否かという観点から「年齢」と「年収」という条件面を考慮した資格要件の基準を設けなければなりません。

次に、契約期間中に返済が滞るか否かを見極めるには、年間の約定返済額合計額に対する年間収入の割合＝年間返済割合（Debt to Income＝DTI）という比率を活用します。つまり、DTIが高ければ月々の返済が厳しく、年収が下がったり、支出が増加する等の変化に対応する余力がなくなることから収入に対して一定の基準を設けるのが一般的になっています。住宅金融支援機構の民間機関の貸出動向調査においても、審査項目で重視する項目として「返済負担率＝（毎月返済額／月収）」を6割以上の機関が選択しています。

ただ、住宅ローン商品として考えた場合、返済比率の出し方には2パターンあります。一般的には年収に対する毎月の返済額の割合を示すDTIですが、バブル期には、年収倍率という考え方がありました。年収に対して何倍までの与信枠を設けるかというもので、バブル期は、どちらかというと、図表4－2にあるBのほうを採用しているケースが多かったようです。当時は返済できなくても、担保として提供される物件価格が上昇するため、当該物件を処分することで回収できるという大前提があったからです。現実的にはAの「年収返済比率＝DTI」のパターンを使うのではないでしょうか。

また、個人の場合、負債と考えられるのは住宅ローンに限らず、他のローンやクレジットカードの返済等、収入に見合った

図表4－2　住宅ローン債権における格付判定の考え方

◆返済割合＝年収に対する元利金返済割合……Ａ、Ｂの２種類が
◆LTV（担保時価額対融資金額比率）……MAX：80％が一般的

〈住宅ローン〉

| 借入希望金額 | 借入期間 | 希望金利 |

Part.1 可能対象商品選定

年齢＞20歳　　勤続年数＞１年

※基本項目（金額・金利・期間）、年齢およひ勤続年数の条件合致により"Part2"

※年間返済額は貸出期間を前提に将来変動も加味する。
※適用金利は借入期間の平均予測値を適用し算出する。

Part.2 返済比率

Ａ　年収＜300万　　20％
　　年収＞300万　×　25％　＞　住宅ローン年間返済額（年間家賃）　＋　現在の毎月返済額
　　年収＞600万　　30％

Ｂ　現在借入残高　＋　借入希望金額／借入希望極度　＋　カード所有枚数

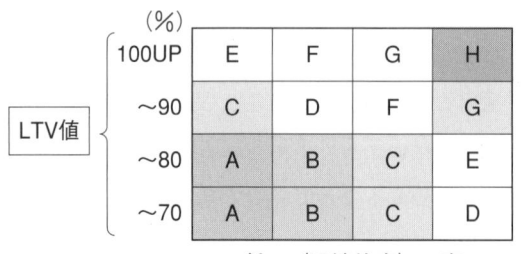

（％）	低←〈返済比率〉→高			
100UP	E	F	G	H
～90	C	D	F	G
～80	A	B	C	E
～70	A	B	C	D

LTV値

(出所)　筆者作成。

ある（同居する家族の収入を合算することを認める）。
（70％を基準に上下10％で適用金利に差を設ける）。

――――――〈担保物権〉――――――
[土地時価]　[建物建築価格]　[担保評価額]

[借入希望金額÷担保時価額＝LTV値]

（A＝年収返済比率／B＝年収倍率）

| ×12＋ | 目的L
年間返済額 | OR | CL
毎月返済額 | ×12 |

| ×50万円 | ＜ | 年収金額 | ×5 |

顧客管理基準

預貸金ボリューム基準	守勢顧客 B	維持顧客 A
基準以上↑↓基準以下	厳選顧客 D	攻勢顧客 C

（基準以下）←→（基準以上）
取引親密度基準

→ **格付判定モデル**
過去情報に基づくパフォーマンス分析によるデフォルト予測による判定値により体系化。

商品選択
(適用金利)
返済方法
保証形態

第4章　本来あるべき住宅ローン審査の考え方

返済ができるか否かを考える必要があります。つまり、返済比率を算出する際には、住宅ローンの元利金返済額に他の借入金等の返済負担も考慮して判定することが必要となります。その際には、借主から借入状況を確認すること等が前提となりますが、当該内容が正しいか否かを判断するために外部個人信用情報機関の情報も考慮する必要があります。金融機関が加入する個人信用情報機関である全国銀行個人信用情報センターに紹介するのが一般的ですが、関係会社が保証機関の場合は、CICやCCB、全国信用情報センター連合会という個人信用情報機関の情報を活用し判定根拠として利用しているケースもあります。

次に返済が滞った場合、元金の回収を図るには、最終的には物件の処分により回収することとなります。第3章の「住宅ローンに潜むリスク」でも説明しましたが、関係会社が保証をしている住宅ローンの場合でも、物件評価額と融資金額の比率＝LTV（Loan to Value）の割合が重要となります。新規に住宅ローンを利用する際には、DTIの割合も考慮すると一般的には自己資金が物件購入価格の20〜30％はあり、残りの70〜80％を住宅ローンで調達することが標準的なケースで、保証会社による審査のポイントにおいても当該比率が重視されています。

つまり、融資できるか否かの判断により利用者を選定したうえで、約定どおり返済してくれるのか否か、物件により融資金を回収できる見込みはあるのか否かという観点から「融資判断」することになります。

一般事業先に対する融資の場合は、当該事業先の信用度を図るうえで「信用格付」を用いる金融機関も多いのですが、住宅ローンも同様に「LTV」と「DTI」を用いた格付モデルを適用することも検討する必要があります（図表4－3）。

　縦軸をLTV、横軸をDTIとし、A（優良）→H（注視）というように区分することで、住宅ローン審査上でさまざまな判断基準を設けることが可能となります。返済にまったく懸念がなく、物件による回収可能性がきわめて高い「リスク」の低い利用者には、適用金利を優遇する、つまりリスクとリターンの関係から判断する基準を設けることが可能になります。近年の金融機関における住宅ローンの金利優遇に関しては、取引金融機関の他の商品サービス（給与振込み等）の利用有無により優遇幅を決定するケースが大半ですが、住宅ローンは貸出債権の一種であるという観点からすれば、「リスク」と「リターン」の関係から判定基準を設けることが一般的であると思われます。

　ただし、契約期間中の解約リスクを極力低く抑えるための方法論として、「自機関との取引基準に基づく管理区分＝取引度判定」と組み合わせることで、「優遇条件」をさらに精緻化する方法論も考えることができます。

　これまでの考え方は、新規に住宅を取得する際の判断基準を前提に考えてきましたが、他の金融機関が取り扱っていた住宅ローンを肩代わる際の判定基準はどのように考えるべきでしょうか。

　基本は、融資期間中に返済が滞る可能性はあるか否かを見極

図表4-3　融資可否判断を決定する基本要素からの考え方

※住宅ローン先格付設定方法
→LTV（物件時価総額に対する融資金額の割合）＝デフォルト時の元本回収可能性を判断する
→DTI（年間所得に対する年間融資返済額の割合）＝融資期間中の約定条件による元利金回収の可能性を判断する（勤務先や勤続年数、過去の取引実勢も考慮している）

	適格 LTV	DTI 10%未満	～15%未満	～20%未満	～25%未満	～30%未満	～35%未満	～40%未満	40%以上
1	50%未満	1	1	1	2	2	3	3	4
1	～55%未満	1	1	1	2	2	3	3	4
1	～60%未満	1	1	1	3	3	4	4	4
1	～65%未満	1	1	1	3	4	4	4	5
1	～70%未満	1	1	1	4	4	5	5	5
1	～75%未満	2	2	2	4	5	5	5	6
1	～80%未満	2	2	2	4	5	6	6	6
1	～85%未満	3	3	3	5	6	6	7	7
1	～90%未満	3	4	5	5	6	7	7	7
1	～95%未満	4	4	5	5	6	8	8	8
1	～100%未満	4	5	5	6	7	8	9	9
2	100%以上	5	5	5	6	7	8	9	10

※LTV＞100%…適格住宅ローンの範疇外

初期与信段階	申込時点の情報により定義は可能だが、借換案件の場合は大半がLTVは100%超となる可能性大
途上与信段階	物件時価額の算定に関しては担保評価システムの活用で定例的な見直しは可能だが、年収関連情報の入手は別途工夫が必要（別指標の活用等）

（出所）　筆者作成。

める必要がありますので新規の借入れと同様にDTIを基準に考える必要があると考えられます。ここで問題となるのが肩代わ

り金額と残りの契約期間の関係です。

　第2章の「住宅ローンの商品性」でも説明しましたが、最近の住宅ローンの獲得競争により、本来、年収の低い借主も借入期間を超長期とすること、もしくは金利を低くすることで、毎月の返済額が軽くできるためです。住宅金融支援機構が公表している住宅ローン新規実行先の契約期間別をみると、25年、30年、35年の割合が半分以上を占めています。従来、金融機関の見方は、融資実行後何年という「経過期間」で判断することが多いのですが、本来は残存期間でみる必要があります。毎年の返済額が同じ場合、融資期間20年契約の10年が経過した方と、融資期間35年契約の10年が経過した方では、残高が大きく違うことに注意が必要です。このため、住宅ローン実行後から同じ10年経過していたとしても、ローン残高と物件の評価額の関係を考えれば、残存期間が長いほど回収できない可能性が高いということがいえます。

　近年の不動産価格の推移を勘案すれば、他金融機関の借入金を肩代わる場合、大半の住宅ローンについては、物件の時価評価額と融資残高の割合は100％を超えているものと想定されます。現在の時価額と融資残高の割合であるLTVと、肩代わり後あと何年間契約が可能かにより算出された年間約定返済額に基づくDTIを算出し、「資格要件」基準を前提に判定することになると考えられます。

2 自動審査の考え方

　競争が激しい環境下において、住宅ローンの販売を強化するうえで重要な要素として、融資を申し込んだ結果をいかに早くお客さまに還元できるか、審査に要する時間をいかにして短くできるかがポイントとなってきています。

　住宅金融支援機構の民間機関の貸出動向調査において、審査日数の平均は3.4日となっていますが、利用者側からすれば、住宅購入を決心しても、必要な資金を確保できなければ住宅購入は諦めなければなりません。融資してもらえるのかもらえないのか、早く回答をもらえれば計画も立てやすくなります。当然、借入金額や金利等の条件面がわかれば資金計画はさらに立てやすくなります。

　利用者であるお客さまのニーズへの対応、および他の金融機関との競争を勝ち抜くためにも審査にかける時間を短縮する方法論として、条件面等を自動的に判定する自動審査モデルを確立している金融機関も多くなっています。

　前項で述べた審査基準として考えられている4つの要因を組み合わせることで、自動審査の仕組みを体系化することができます（図表4－4）。

　一般的に、融資審査の自動審査モデルを体系化する際には、AVR機能という考え方を適用します。

これは、融資対象者の情報を活用・分析し、A＝Accept→自動的に融資を認める基準、V＝reView→人的審査で融資の可否を判断する基準、R＝Reject→融資できない基準を定めることで、判定する方法です。

　自動審査モデルについては、各金融機関によって考え方や運用方法は違いますし、内容的にも異なりますが、「対象者が融資可能な人か否か」「融資した元金の回収ロスは抑えられるか否か」という要因を考慮して、「自動的」に融資判断（金額や金利等の条件面）を行い、一方で、融資できない基準（＝カットオフ基準といわれる）の場合は無条件で融資を断り、両条件に合致しない対象先については、これまでの取引実績や今後の取引状況の見込みなど人的に判断して決定することが一般的な考え方です。

　図表4－4については、「借入要件判定基準」と「保全状況判定基準」の組合せにより体系化したモデルです。

　借入要件判定基準は「借入金額の階層別基準」と「年収階層や年収倍率、外部信用機関の情報等による階層基準」をベースに体系化＝評点化します。また、保全状況判定基準は「融資金額に対する物件時価額の比率＝LTV」と「年収に対する年間返済額の割合＝DTI」をベースに体系化＝評点化します。

　それぞれについて、過去の利用者の借入状態（実行後の返済の状態や延滞の状態）の情報を数年間分用いて検証し、自動的に判定してもよい基準と、自動的にカットする基準を定め、各指標の運用方法を体系化するものです。統計的手法である1対

図表4−4 初期与信モデル活用による自動審査判定ポイント

※AVR機能を活用した自動判定モデル
…借入要件70%＝保全状況30%
（金融機関ごとに設定）

借入要件判定基準

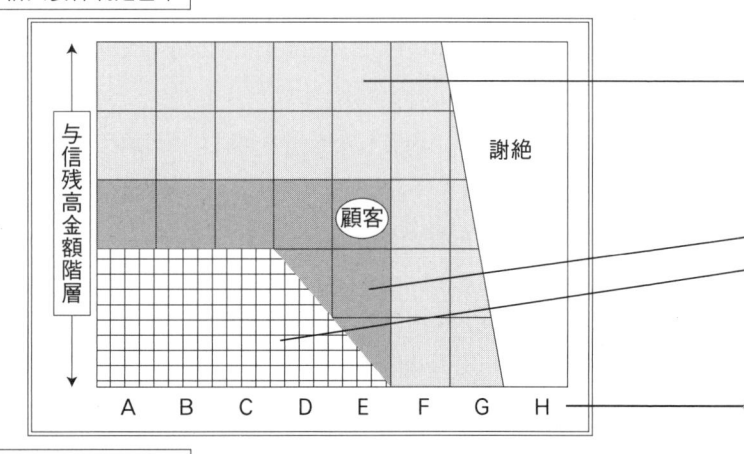

与信残高金額階層

謝絶

顧客

A B C D E F G H

保全状況判定基準

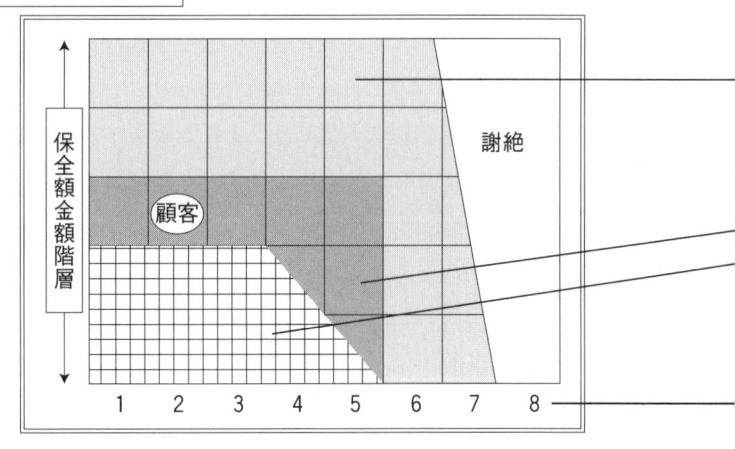

保全額金額階層

謝絶

顧客

1 2 3 4 5 6 7 8

（出所）筆者作成。

⸺⸺⸺→ 審査担当者個別審査領域

```
借入判定＝【自動OK】
借入金額＝○○○万円
適用金利＝○○○％
　（スプレット＝○○○％）
借入期間＝○○カ月
返済方法＝ボーナス併用率
補完条件＝返済期間短縮
　　　　　金利○％上乗せ
```

⸺⸺⸺→ 既存先＝自動審査判定OK
⸺⸺⸺→ 新規先＝自動審査判定OK

【審査判定基準のポイント】
1．審査対象先基準と商品別基準を明確にする。
　・与信残高○○○以下
　・有担保／無担保
　　（目的別使途自由）
　　（最長＝35年をメド）
2．月間収支を基準とした資金繰りを前提に判定基準策定
　・ボーナス併用50％まで
3．既存取引先は決済口座動向を加味した基準設定
　・ピーク残高と年間返済額
　・決済動向判定

⸺⸺⸺→ 資格要件基準による判定モデル
　・年間所得金額および年収倍率
　・外部個人信用情報結果

⸺⸺⸺→ 審査担当者個別審査領域

⸺⸺⸺→ 既存先＝自動審査判定OK
⸺⸺⸺→ 新規先＝自動審査判定OK

⸺⸺⸺→ 行内格付モデル分類基準　※年収に対する年間返済額の割合＝DTIを使用

第4章　本来あるべき住宅ローン審査の考え方　63

1対応の考え方で、借入要件の比率を70％、保全状態の比率を30％にする等、過去の情報の検証過程で設定することで、判定の精度を高める必要があります。

　上記判定方法はあくまでも機械的に融資できるか否かを判定する基準を定めるものですが、融資条件＝金利や期間等を決定する際の指標として運用することもできます。最終的には人的判断により決定するケースが多くなると思いますが、銀行本体による融資審査と保証会社による融資審査ともに、同一の判定基準を用いることで審査時間の短縮を図る等、事務効率化の一環として運用することも考えることができます。

　金融機関が扱う一般的な住宅ローンに関しては、保証会社保証を利用するケースが多いため、融資審査の際に、対象とする商品の資格要件と保証会社が定める条件に合致していれば、特段の審査をしないケースも多いようです。また、金融機関は、お客さまから必要な情報を入手し、保証会社へ連絡し、一両日中に保証承諾の可否が届いた段階で審査終了というケースもあるようです。

　外部保証機関を利用する際には、審査上「保証条件」をしっかり満たしているか否かの判断が重要となりますが、金融機関の関連会社が保証を行っている場合は、最終的なリスクを金融機関グループとして負う必要がありますから、融資判断をする際には、金融機関側と保証会社側が双方同一の基準で判断できる体制を整備しておく必要があるでしょう。

　保証会社の役割を、住宅ローン業務行程のなかでの「事務集

中部門」的存在として活用しているのであれば、リスク管理上も同一基準の見方が必要ですし、お客さまから申し受ける保証料も考慮したうえで、金融機関グループ全体としての採算性を考える必要もあるでしょう。

第5章 住宅ローン業務プロセス改革

現在の一般的な住宅ローンの業務プロセスを考えた場合、競合する他行との差別化を図り、いかにして顧客を獲得するかという観点から、審査期間の短縮化と同時に、顧客利便性向上のため、自動審査機能の開発や事務集中窓口となる住宅ローンセンターの設置等により審査業務を集中化すると同時に、融資実行後の管理業務をすべて保証会社へ任せる体制により融資残高のかさ上げを行っているのが実態と思われます。

　住宅ローンに潜むリスクも加味しながら、効率化という観点から本来あるべき住宅ローン業務のあり方について、現状の確認、あるべき将来像という観点から考えてみることにします。

1 推進プロセスの現状

　住宅ローンに関しては、前述した住宅金融支援機構の調査結果からもわかるとおり、各金融機関は今後も積極的に推進するという方針を変えていません。ただし、金利競争により今後はますます利鞘が縮小傾向になることから、推進面だけではなく事務効率化やIT化も積極的に進めるべく検討をしています。

　現在の住宅ローン推進のステップを考えると、「推進対象顧客の発見」「最適なアプローチ活動」「最短の審査事務手続」「実行後のフォロー活動」の4つのポイントがあります（図表5－1）。

　推進対象先の選定に関しては「既存の取引のあるお客さま」と「新規対象先」に分類することができますが、既存先に関しては金融機関内部の情報を活用してさまざまな観点から選定することが可能となります。一方、新規対象先に関しては、地元の工務店や不動産会社、宅建業者との提携により対象先を見つけ出すことができます。他行利用先に関しては営業活動のなかから情報を収集し、案件として体系化して推進することができます。金融機関において、貸出計画を策定するうえでも、推進対象先がどの程度あるのか否か常に把握しておくことは重要となりますので、情報の活用方法を体系化しておくことがポイントとなります。

図表5-1　住宅ローン推進のステップをポイント別にまとめると…

効率的かつ効果的な営業推進モデル＝「選定」「セールス」「実行」「管理」の4サイクルすべての行程を考慮した仕組み！

① 推進対象顧客の発見
- 既存取引先～顧客ライフステージから住宅関連ローン推進対象先を類推
  - 第一次対象者～30代前半から40代前半
  - 第二次対象者～40代後半から50代前半
  - 第三次対象者～50代後半から60代
- 新規対象先～地元工務店、不動産会社、宅建業者提携による対象先発掘
- 富裕者～遊休不動産保有者情報活用＝渉外担当者保有情報の全行共有

→
- 情報体系化＝データベース構築（既存先・未取引先・提携企業先）
- 情報分析＝分析機能の体系化
- 情報還元＝営業支援情報の配信

② 最適なアプローチ＝セールス活動
- 既存取引先～住宅取得ニーズを確認する情報収集を前提としたローンセールス
  - 第一次対象者～住宅ローンシミュレーションサービス
  - 第二次対象者～住宅関連商品利用者、口振（電気・ガス）利用者
  - 第三次対象者～住宅関連商品完済者
- 新規対象先～住宅ローン商品パンフとローンシミュレーションサービスの提供
- 富裕者～賃貸物件提案による不動産関連情報収集／地元不動産関連業者タイアップ提案

→
※利用確率の高い顧客に対するセールスの実施＝利用を促進する提案活動

③ 最短の審査事務手続＝他行差別化の実現
- 既存取引先～住宅ローン審査集中化による審査事務フローの改革～審査期間短縮
  住宅完成前つなぎ融資の商品化による差別化～早期取込みの実現
- 新規対象先～業者提携による登記関連手続の簡素化～保全措置の効率化
- 富裕者～賃借人紹介・家賃支払口座集中による返済条件確定～返済原資確保

→
- 審査事務の効率化＝事務集中化の実現
- つなぎ融資＝早期ローン取込み

④ 実行後のフォロー活動
- 地元業者提携による建築後メンテナンスサービスの開発
- 損害保険会社提携による会員組織サービスの開発
- 新規サービス提供による情報収集と他商品クロスセルの実現

→
※ローン実行後の顧客囲い込み＝新たな付加価値サービス提供＝情報収集による他商品クロスセル

(出所)　筆者作成。

推進対象先が選定されていれば、最適な営業活動をどのように実施すべきかを考えなければなりません。取り扱っている商品をどのようにPRすればよいのか、どのような販売チャネルを活用して実施すればよいのか、基本的には、お客さまが独自に商品を選択できるだけの情報をわかりやすく提示し、興味を示してもらえることが第一であり、サービスの質を高めるプロモーションの是非がポイントとなります。

　次に重要となるのは、申込みを受け付けてからいかにして早く審査の可否を伝えるかです。競合他行との差別化を図るうえでも審査時間の短縮は必須のポイントです。現在の金融機関の平均的な審査日数は３、４日といわれていますが（関係会社が保証をしている場合は１～２日程度）、受付から審査、実行までの過程を効率的に行うには業務に精通している専門スタッフが集中的に事務を行うことで、効率化の実現と同時に事務処理ミス防止の効果もあり、検討すべきテーマです。また、個別に審査を行うのではなく、一定の基準に合致している場合は自動的に可否を判定できる「自動審査」の仕組みを活用することも必要です。

　住宅ローンを実行する際には、物件の引渡しや担保設定手続等は住宅ローン利用者と業者との間に立ち会う必要もあり、営業店現場の事務負担となっているケースもあります。当該事務負担を軽減することから、事務集中部門が担うことを考える必要があるでしょう。

　最後に、実行後のフォロー活動をいかに効率的に行うか考え

る必要があります。金融機関の営業活動は、顧客を獲得するまでは積極的に営業を行うが、獲得後は何もしないという傾向がありました。第3章の「住宅ローンに潜むリスク」でも説明しましたが、期限前に返済されてしまったり、突然延滞が発生するリスクは、日々のお客さま管理ができていれば未然に防ぐことも可能です。実行後の管理をどのように行うかを体系化することが必要となります。営業店現場における管理がむずかし場合は、事務集中部門がローン実行後のお客さまを管理し、電話やメール等の通信媒体を活用してフォローすることも検討材料の1つといえます。

2 住宅ローン業務プロセスのあり方

　ローン受付から実行後の管理までの一連の業務行程においてお客さま向け営業力強化、事務効率化によるコスト削減、事務処理リスクの軽減という3つのテーマに対応していくためには、住宅ローンの本部集中化がポイントになります（図表5－2）。

　お客さまを見つけ出し、お客さま向けにセールス活動を行うまでの「申込受付事前対応」に関しては、営業店やその他のお客さま接点（インターネットや電話、FAX等）にて効果的なプロモーション展開を行う必要がありますが、申込受付時点から事前審査（保証依頼）、最終審査、契約手続、融資実行、実行後管理全般までの行程については、すべてを集中センターでの運用を前提とした業務プロセスを体系化することです。

　その際に検討すべきポイントを体系化したものが、図表5－3です。これまでの金融機関の集中化は、融資を実行した後の管理業務、特に延滞督促や保証会社への代弁請求手続までの範囲を想定しているケースが多かったのですが、受付の確認から以降の業務をすべて集中することで事務効率化によるコスト削減と事務処理リスクの軽減が可能となるのです。定形化された商品であれば、要件の確認や審査事務、保証依頼の内容、融資実行、保全措置等については一律同様な手続を行うため、当該

図表5－2　住宅ローンビジネスプロセスの全体像

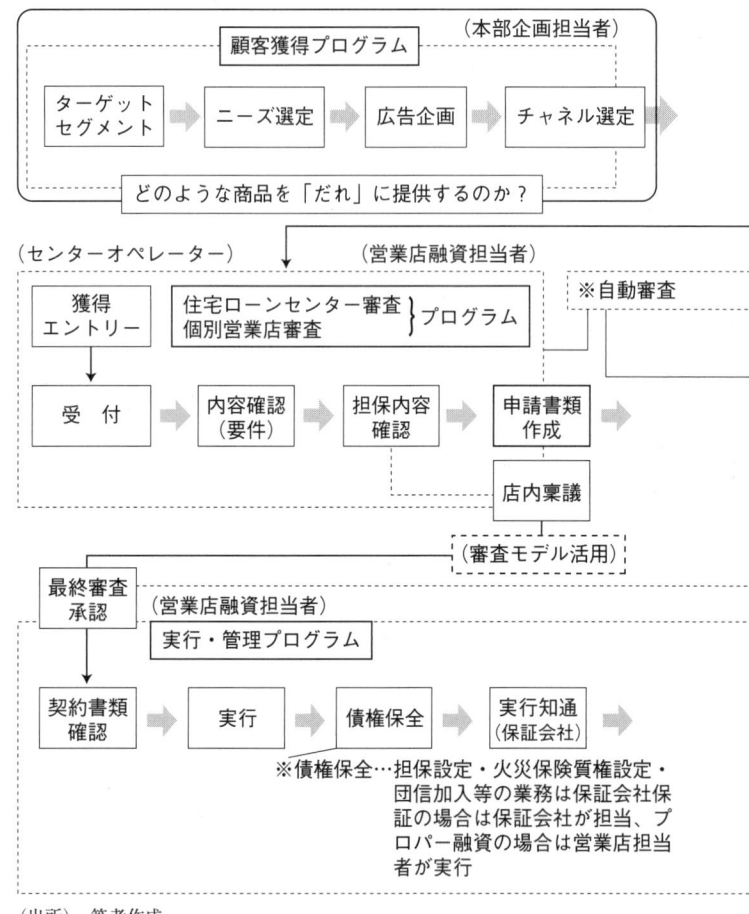

```
┌─────────────────────────────────────────────────────┐
│        顧客獲得プログラム         (本部企画担当者)    │
│  ┌─────────┐  ┌────────┐  ┌────────┐  ┌────────┐   │
│  │ターゲット│⇒│ニーズ  │⇒│広告企画│⇒│チャネル│⇒ │
│  │セグメント│  │選定    │  │        │  │選定    │   │
│  └─────────┘  └────────┘  └────────┘  └────────┘   │
└─────────────────────────────────────────────────────┘
       どのような商品を「だれ」に提供するのか？
```

(センターオペレーター)　　(営業店融資担当者)　　　　　※自動審査

```
┌──────────────────────────────────────────────┐
│ ┌────────┐  ┌─────────────────────────┐     │
│ │ 獲得   │  │住宅ローンセンター審査   │     │
│ │エントリー│  │個別営業店審査   }プログラム│  │
│ └────────┘  └─────────────────────────┘     │
│     ↓                                         │
│ ┌────┐  ┌────────┐  ┌────────┐  ┌────────┐  │
│ │受付│⇒│内容確認│⇒│担保内容│⇒│申請書類│⇒│
│ │    │  │(要件)  │  │確認    │  │作成    │  │
│ └────┘  └────────┘  └────────┘  └────────┘  │
│                                    ↓         │
│                                ┌────────┐    │
│                                │店内稟議│    │
│                                └────────┘    │
└──────────────────────────────────────────────┘
                              (審査モデル活用)

┌────────┐
│最終審査│　(営業店融資担当者)
│承認    │
└────────┘
   実行・管理プログラム
┌──────────────────────────────────────────────┐
│ ┌────────┐  ┌────┐  ┌────────┐  ┌────────┐   │
│ │契約書類│⇒│実行│⇒│債権保全│⇒│実行知通│⇒ │
│ │確認    │  │    │  │        │  │(保証会社)│ │
│ └────────┘  └────┘  └────────┘  └────────┘   │
│  ※債権保全…担保設定・火災保険質権設定・    │
│   団信加入等の業務は保証会社保証の場合は     │
│   保証会社が担当、プロパー融資の場合は       │
│   営業店担当者が実行                         │
└──────────────────────────────────────────────┘
```

(出所)　筆者作成。

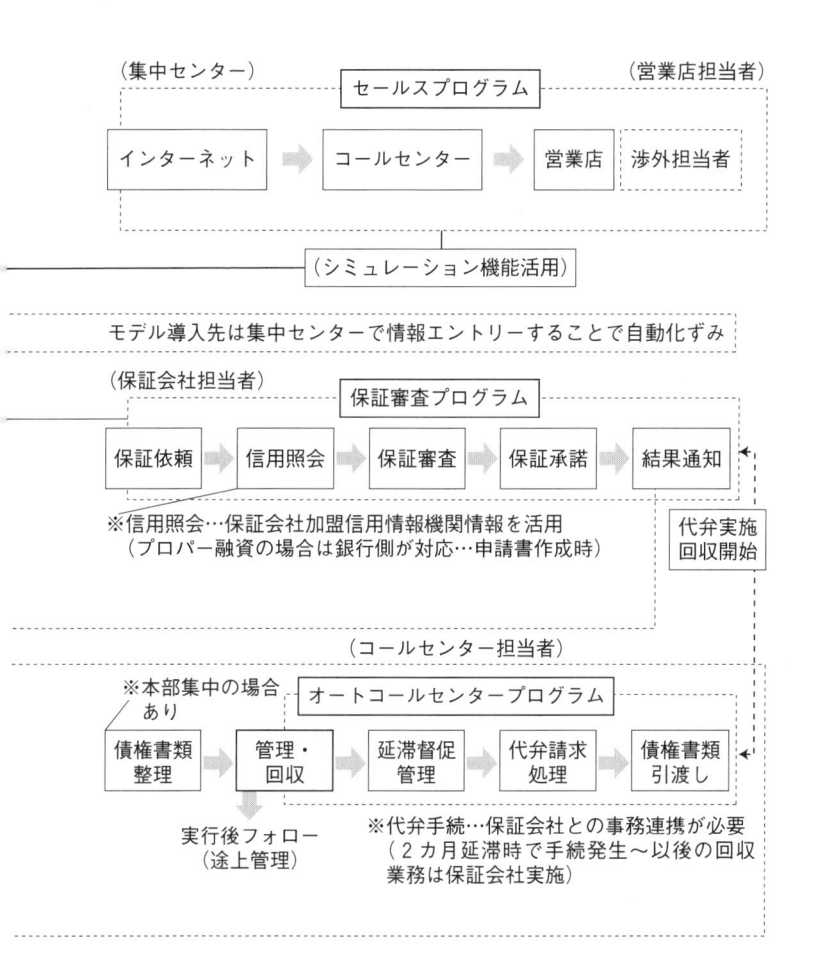

```
(集中センター)          セールスプログラム          (営業店担当者)
┌─────────────┬─────────────┬─────────────┬─────────────┐
│ インターネット │ → │ コールセンター │ → │ 営業店 │ 渉外担当者 │
└─────────────┴─────────────┴─────────────┴─────────────┘
```

(シミュレーション機能活用)

モデル導入先は集中センターで情報エントリーすることで自動化ずみ

(保証会社担当者)　保証審査プログラム

| 保証依頼 | → | 信用照会 | → | 保証審査 | → | 保証承諾 | → | 結果通知 |

※信用照会…保証会社加盟信用情報機関情報を活用
（プロパー融資の場合は銀行側が対応…申請書作成時）

代弁実施
回収開始

(コールセンター担当者)

※本部集中の場合あり　　オートコールセンタープログラム

| 債権書類整理 | → | 管理・回収 | → | 延滞督促管理 | → | 代弁請求処理 | → | 債権書類引渡し |

実行後フォロー
（途上管理）

※代弁手続…保証会社との事務連携が必要
（2カ月延滞時で手続発生〜以後の回収業務は保証会社実施）

図表5－3　一括受付型住宅ローン事務フロー

《事前検討項目》
　※当該商品の販売対象先はだれか…？
　　＝取引実績（＝CIF先）のある顧客か新規顧客か…／新規住宅ローン希望か既存ローンの借換希望か…？
　※保証会社を使用するか否か…保証会社なし、自行系保証会社、外部提携保証会社…？

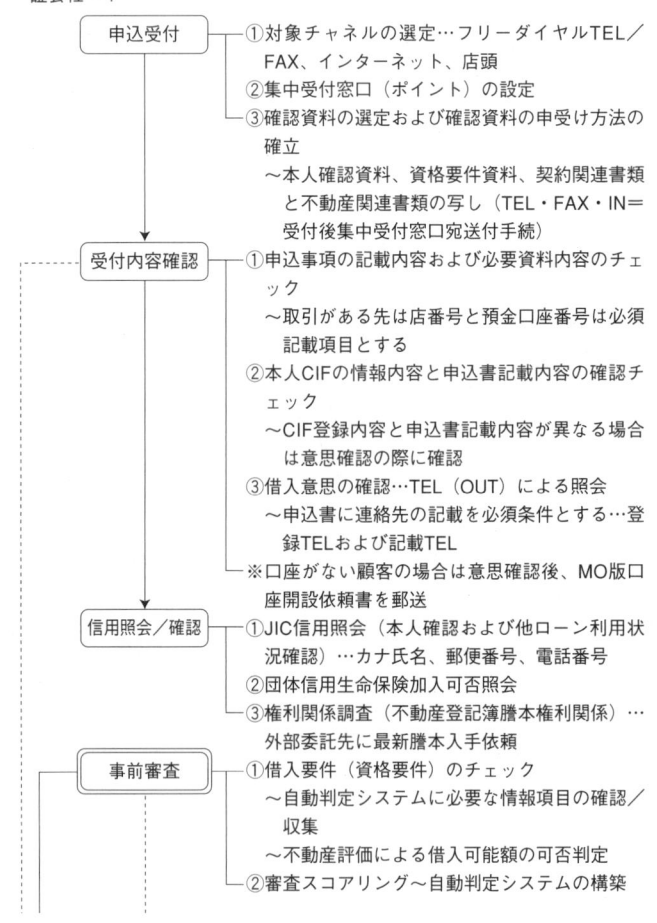

【申込受付】
- ①対象チャネルの選定…フリーダイヤルTEL／FAX、インターネット、店頭
- ②集中受付窓口（ポイント）の設定
- ③確認資料の選定および確認資料の申受け方法の確立
　～本人確認資料、資格要件資料、契約関連書類と不動産関連書類の写し（TEL・FAX・IN＝受付後集中受付窓口宛送付手続）

【受付内容確認】
- ①申込事項の記載内容および必要資料内容のチェック
　～取引がある先は店番号と預金口座番号は必須記載項目とする
- ②本人CIFの情報内容と申込書記載内容の確認チェック
　～CIF登録内容と申込書記載内容が異なる場合は意思確認の際に確認
- ③借入意思の確認…TEL（OUT）による照会
　～申込書に連絡先の記載を必須条件とする…登録TELおよび記載TEL
- ※口座がない顧客の場合は意思確認後、MO版口座開設依頼書を郵送

【信用照会／確認】
- ①JIC信用照会（本人確認および他ローン利用状況確認）…カナ氏名、郵便番号、電話番号
- ②団体信用生命保険加入可否照会
- ③権利関係調査（不動産登記簿謄本権利関係）…外部委託先に最新謄本入手依頼

【事前審査】
- ①借入要件（資格要件）のチェック
　～自動判定システムに必要な情報項目の確認／収集
　～不動産評価による借入可能額の可否判定
- ②審査スコアリング～自動判定システムの構築

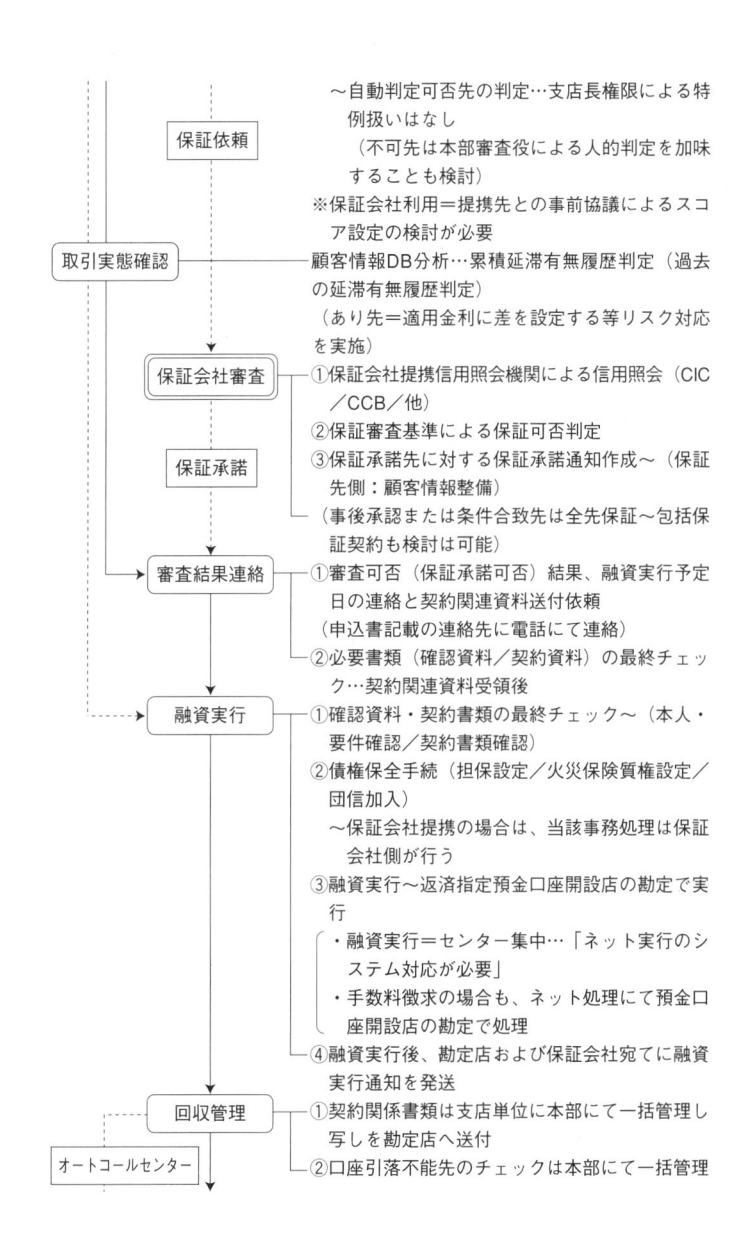

```
保証依頼 ──────── ～自動判定可否先の判定…支店長権限による特
                  例扱いはなし
                    （不可先は本部審査役による人的判定を加味
                    することも検討）
                ※保証会社利用＝提携先との事前協議によるスコ
                  ア設定の検討が必要
取引実態確認 ──── 顧客情報DB分析…累積延滞有無履歴判定（過去
                  の延滞有無履歴判定）
                  （あり先＝適用金利に差を設定する等リスク対応
                  を実施）
保証会社審査 ──── ①保証会社提携信用照会機関による信用照会（CIC
                  ／CCB／他）
                ②保証審査基準による保証可否判定
保証承諾 ──────── ③保証承諾先に対する保証承諾通知作成～（保証
                  先側：顧客情報整備）
                  （事後承認または条件合致先は全先保証～包括保
                  証契約も検討は可能）
審査結果連絡 ──── ①審査可否（保証承諾可否）結果、融資実行予定
                  日の連絡と契約関連資料送付依頼
                  （申込書記載の連絡先に電話にて連絡）
                ②必要書類（確認資料／契約資料）の最終チェッ
                  ク…契約関連資料受領後
融資実行 ──────── ①確認資料・契約書類の最終チェック～（本人・
                  要件確認／契約書類確認）
                ②債権保全手続（担保設定／火災保険質権設定／
                  団信加入）
                    ～保証会社提携の場合は、当該事務処理は保証
                    会社側が行う
                ③融資実行～返済指定預金口座開設店の勘定で実
                  行
                    ・融資実行＝センター集中…「ネット実行のシ
                    ステム対応が必要」
                    ・手数料徴求の場合も、ネット処理にて預金口
                    座開設店の勘定で処理
                ④融資実行後、勘定店および保証会社宛てに融資
                  実行通知を発送
回収管理 ──────── ①契約関係書類は支店単位に本部にて一括管理し
                  写しを勘定店へ送付
オートコールセンター ②口座引落不能先のチェックは本部にて一括管理
```

第5章 住宅ローン業務プロセス改革

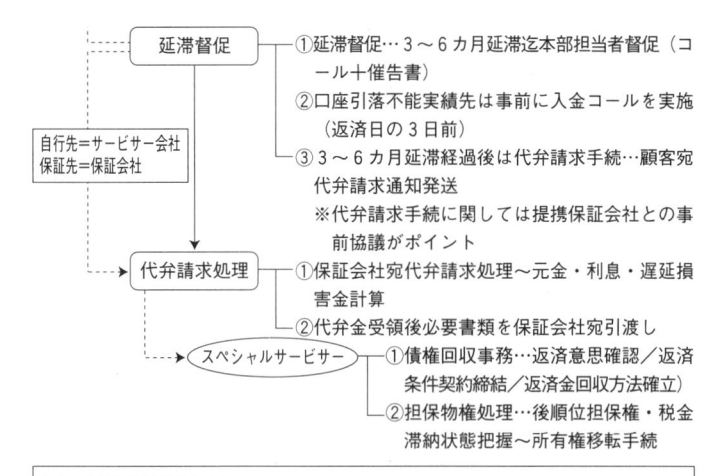

```
┌─延滞督促─── ①延滞督促…3～6カ月延滞迄本部担当者督促（コー
│                   ル＋催告書）
│               ②口座引落不能実績先は事前に入金コールを実施
│                   （返済日の3日前）
│               ③3～6カ月延滞経過後は代弁請求手続…顧客宛
自行先=サービサー会社    代弁請求通知発送
保証先=保証会社         ※代弁請求手続に関しては提携保証会社との事
│                     前協議がポイント
│
├─代弁請求処理─ ①保証会社宛代弁請求処理～元金・利息・遅延損
│                   害金計算
│               ②代弁金受領後必要書類を保証会社宛引渡し
│
└─スペシャルサービサー─①債権回収事務…返済意思確認／返済
                        条件契約締結／返済金回収方法確立）
                      ②担保物権処理…後順位担保権・税金
                        滞納状態把握～所有権移転手続
```

(1) 申込受付事前対応
  ・いかにしてリスクの少ない先を選定できるか（信用リスク、金利リスク、期限前返済リスク）
  ・既存顧客か他行顧客による判断を区別できるか
  ・顧客特性を加味した商品選定ができるのか
(2) 申込受付時点対応
  ・受付チャネル別に事務処理対策ができているか（銀行リアル接点、バーチャル接点、提携企業）
  ・商品別に事務処理対策ができているか（保証会社利用有無、特約条件等）
  ・本人確認、資格要件確認、必要書類確認事務は（借入資格要件、融資対象物件の基本要件）
(3) 事前審査における判定基準
  ・審査基準に基づく融資可否判断ができるか（金額・期間・金利・担保・保証条件の確認）
  ・外部信用情報機関の情報を活用できるか
  ・既存取引先の場合の取引実態情報を確認できるか
  ・保証会社と判定基準の共有化ができているか
(4) 最終審査可否判定
  ・自動審査モデルによる判定基準を定めているか
  ・判定基準を超えた特例基準は定めているか（特例条件を保証会社と共有化できているか）
  ・金利、手数料体系と判定基準の整合はとれているか

(出所) 筆者作成。

業務を多数の営業現場に分散しておく必要はなく、無理なく集中化することができます。

これまでは、担当者に住宅ローン業務を経験させるという「人的スキルアップ」という意味から、セールス活動、要件確認、審査方法、契約手続、融資実行という行程を営業店現場で行っていたケースが多かったと思います。ただし、本来は、取り扱う商品の内容を正確に理解し、お客さまに提供できる商品や融資条件は何が最適なのかを判断し、かつ、お客さまに正しく正確に説明できる「営業力」を身につけることを最優先にすべきであると考えます。お客さまの実情にあった商品や条件を選択することは、融資審査をするにあたって必要な知識が身につきます。また、融資対象となる物件なのか否か、その際に確認すべきポイントは何かを事前に理解することは、契約手続や融資実行に必要となる知識が身につくはずです。つまり、セールス活動から申込受付までに行うべき事務を正確に実行できる知識を習得できれば「住宅ローン業務」の大半は理解できることになるのです。

特に、住宅ローン商品を選択する場合、適用金利を重視する傾向にありますが、変動金利型住宅ローンや固定金利特約型の住宅ローンに関しては、金利変更時の処理について金利変動による影響を正しく伝える必要があります。

当初、期間5年の固定金利型住宅ローンを1.8％の低金利で融資し、固定期間終了後、変動金利型住宅ローンへ移行した際に、適用金利が1.5倍に上昇したと仮定すると年間返済額は上

昇し、かつ、所得に対する返済比率も当初の比率を維持するために必要な年間所得額は多くなければなりません。

ここで、重要なポイントは、対お客さま向けに「返済額が大幅に上昇する可能性がある」ことをセールスの段階で明確に説明しているか否かという説明態勢の問題と、金融機関内部の審査可否判断基準として返済比率を超えたものを適切と判断するか否かの融資運営上の問題を考慮する必要があります。金融機関によっては、ALM等の機能を活用し、融資審査の際に、契約時点の金利ではなく借入期間の予想平均金利を適用して返済額を算出し返済比率を求めているケースもありますが、この方法でも金利上昇局面では100％カバーすることはむずかしくなります。

新規獲得を前提とした営業推進に注力するあまり、営業店現場において説明がおろそかになるケースも予想されます。また、住宅専門会社との提携により住宅ローンの販促を行うケースの場合は、物件販売を最優先するあまり顧客向けの商品説明に関しては有利な点のみの説明に終始することも想定されます。また、融資金額を算定する際には、家計所得に対する返済比率を基準とすることが一般的ですが、返済比率算定の際に適用する金利は、何を基準として算定しているのかを説明することも必要となります。

さらに、延滞が発生し一定期間を経過した場合は、保証会社へ代位弁済手続を行い、それ以後の返済に関連する回収業務は銀行から保証会社へ移ることを明確に説明する必要がありま

す。仮に、当該手続の実態を明確に説明しない結果、代位弁済後の回収方法等に問題が生じれば、当該顧客は当初借入れをした銀行に対して苦情・クレームをもつこととなり、結果として社会的に悪影響を及ぼす＝信用低下による不利益を受ける可能性をも秘めています。

　つまり、顧客に対する説明が不十分であったがゆえに、金利特約期間が経過した時点で返済を拒む、さらには現状の金利適用を強要する等によるトラブルが発生することも十分考えられ、結果としてロスが拡大することになります。また、トラブル発生により全額繰上返済という事態となれば、期待されていた収益を失うことにもなり、想定される当該マイナス要因について、前述の業務プロセスにおける個々の行程で起こりえる可能性を検証し「オペレーショナルリスク」として体系化することが求められるはずであり、営業現場における活動時点の対応を周知徹底し、かつ重点を置いた業務プロセスを体系化することが必要になります。

3 現状の業務プロセスの問題点

　現在の住宅ローンモデルにおいて問題となる点は、審査の段階で、保証会社による保証審査が通れば獲得可能という、入口段階における確認要件（住宅物件概要、借主特性等）が安易に流されるとともに、申込書から審査に必要な書類等すべてが保証会社へ渡り、銀行内部に情報が残らないという状況になっていることが多い点です。つまり、一般事業会社融資の場合と異なり、審査後の管理・回収業務の大半が保証会社任せになってしまうことから、自己資本比率規制である新BIS規制における「内部格付手法」採用の際の条件となるリスク計量化に必要なパラメータ（PD、LGD、EAD）推計が困難になっていることです。

　また、保証会社保証であり、デフォルト（延滞含む）した際には、代位弁済により全額返済されるからLGD（損失率）はゼロであると判断することは現実的ではなく、保証会社が代位弁済に応じるに値する信用力があるか否か判定する必要があります。関連会社が保証会社の場合、グループ内にリスクが内在する状態に変わりはないわけですから、損失の可能性はトータルで評価しなければなりません。

　保証会社保証に基づく住宅ローンモデルに関しては、借主が返済を滞った際の回収業務（〜融資業務のなかで最も手間と労力

を要する分野）をすべて専門会社である保証会社へ業務移管することで、銀行本体としての負担を軽減させることに重点を置いた営業モデルにほかなりません。そのため、債権保全の方法も、保証委託契約に基づく担保権の設定であり、貸主（＝銀行）と担保権者（＝保証会社）が異なるという、わが国固有の権利体系にもなっています。

　また、今回の新BIS規制において延滞債権（90日以上）に関しては、引当率に応じたリスクウェイト（標準的手法ではMAX 100％）が設定されています。しかし、保証会社保証付きの住宅ローン債権の場合、一般的に、延滞が3～6カ月を超えた時点で保証会社へ代弁手続を行う事務処理となっており、90日を超え延滞債権となっている場合は対応を考える必要があります。保証会社が100％返済してくれるので回収ロスはゼロと判断することもできますが、顧客との取引関係を勘案すると、地域金融機関の場合は、形式的に代弁手続を実行できるか否かはむずかしい状況にあります。代弁手続を実施すると当該顧客はブラック情報として個人情報機関に登録されることとなり今後の生活に大きな支障が生ずることとなります。

　金利固定型住宅ローンの金利更改時に返済額が上昇することで一時的に返済が滞るケース等、顧客との交渉により回復する可能性のある債権に関しては90日を超える延滞の状態もありえます。しかし、この場合、延滞時点における担保物権の時価評価額とローン債権との差額＝損失可能額について引当金を計上する必要性があるのか否か、引当金を計上するのは保証会社な

第5章　住宅ローン業務プロセス改革

のか銀行なのか、明確な取決めを定めておく必要があります。基本的に保証債務履行により全額代位弁済されるという商品性を勘案すれば、銀行におけるローン債権の損失発生部分は「ゼロ」という解釈になるはずですが、関連保証会社が最終的に損失を被った額＝LGD情報をどのようにして体系化しておけばよいのかも取決めが必要です。また、第三者の保証会社（非格付先等）の場合は、当該会社による保証能力をいかにして評価し、回収ロスが発生するか否かを判断する必要もあります。

4 あるべき業務プロセス改革

　以上を総括して、金融機関としてあるべき住宅ローン業務プロセスをまとめると図表5－4のような構成になります。

　現在は「顧客獲得」→「セールス」→「融資審査」→「保証審査」→「実行管理」という5つの行程になっているものを、現場営業機能の強化という観点から「顧客獲得」→「セールス」を営業店やインターネット等のセールスチャネル、さらには休日営業を専門とするローンプラザ等で、お客さまを発掘し、提案セールスを行う特化部門として、「融資審査」→「保証審査」→「実行管理」→「フォローセールス」という事務処理行程部門を集中センター化すると同時に、当該部門に「自動審査機能」や「コールセンター機能」「情報活用機能」を集約することでさらなる効率化を実現するものです。

　特に、お客さま接点となるセールス特化部門については、営業活動をサポートする「情報活用部門」（詳細は第7章にて説明します）からの情報を効果的に活用する体制面の補完をすると同時に、お客さまが独自に情報を確認し利用できるようなインターネット機能を活用したセールス窓口の提供をすることが成功の鍵となります。

　また、新規のお客さまを獲得する営業窓口として重視されている業者との提携を前提とした活動モデルも同様のプロセスで

図表5-4 ビジネスプロセス改革の方向性～BPR面から考える

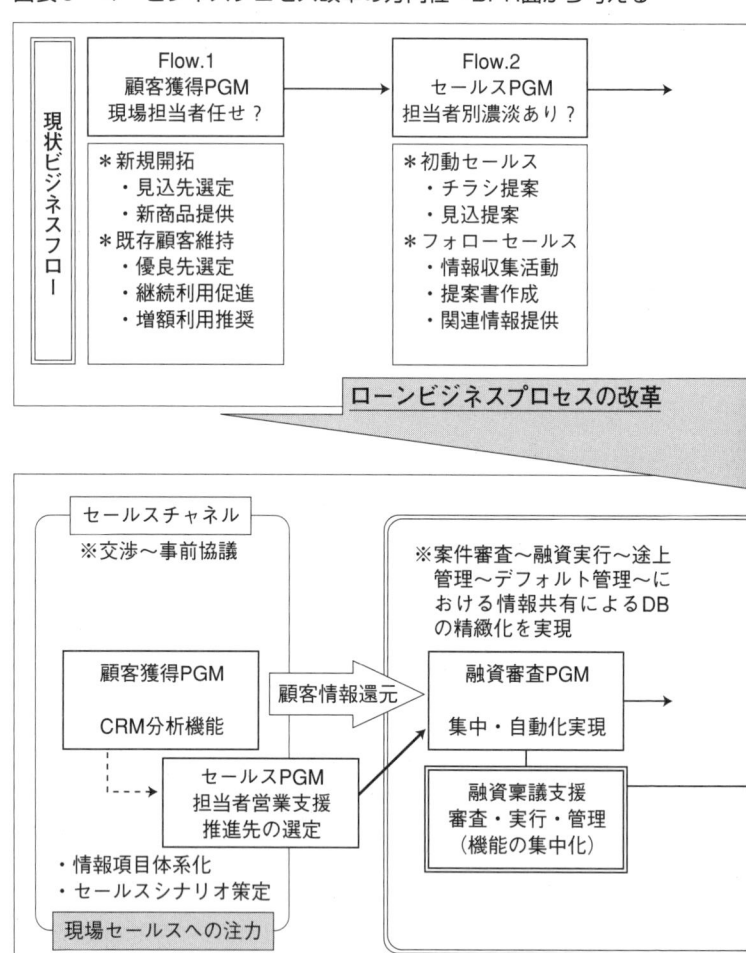

現状ビジネスフロー

Flow.1
顧客獲得PGM
現場担当者任せ？

＊新規開拓
・見込先選定
・新商品提供
＊既存顧客維持
・優良先選定
・継続利用促進
・増額利用推奨

Flow.2
セールスPGM
担当者別濃淡あり？

＊初動セールス
・チラシ提案
・見込提案
＊フォローセールス
・情報収集活動
・提案書作成
・関連情報提供

ローンビジネスプロセスの改革

セールスチャネル
※交渉～事前協議

顧客獲得PGM
CRM分析機能

→ 顧客情報還元 →

セールスPGM
担当者営業支援
推進先の選定

・情報項目体系化
・セールスシナリオ策定

現場セールスへの注力

※案件審査～融資実行～途上管理～デフォルト管理～における情報共有によるDBの精緻化を実現

融資審査PGM
集中・自動化実現

融資稟議支援
審査・実行・管理
（機能の集中化）

（出所）筆者作成。

Flow.3 融資審査PGM 営業店担当負担?	Flow.4 保証審査PGM 保証協会との連携?	Flow.5 実行管理PGM 営業店担当負担?
*内容確認 ・借入要件 ・財務内容 ・個信情報 *融資判断 ・スコアリング判定 ・債務者分類	*保証依頼確認 ・借入要件 ・財務内容 ・個信情報 *保証審査 ・スコアリング判定 ・取引履歴判定	*融資実行 ・契約書確認 ・実行処理 ・債権保全 *管理回収 ・延滞督促 ・代位弁済処理

~稟議起案時点から集中センターに業務集約~

集中センター

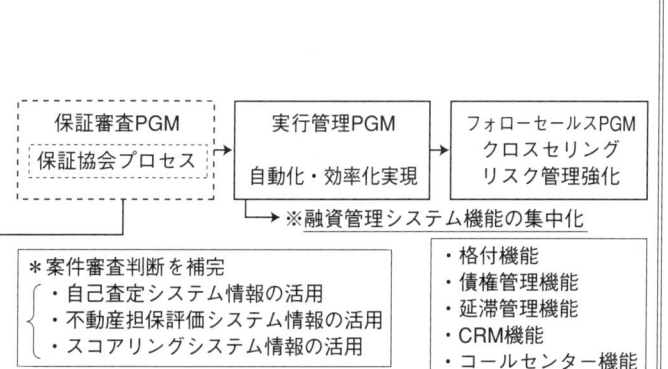

保証審査PGM 保証協会プロセス	→	実行管理PGM 自動化・効率化実現	フォローセールスPGM クロスセリング リスク管理強化

→ ※融資管理システム機能の集中化

*案件審査判断を補完
- 自己査定システム情報の活用
- 不動産担保評価システム情報の活用
- スコアリングシステム情報の活用

- 格付機能
- 債権管理機能
- 延滞管理機能
- CRM機能
- コールセンター機能

図表5－5　業者提携を前提とした顧客獲得プロセスから考える

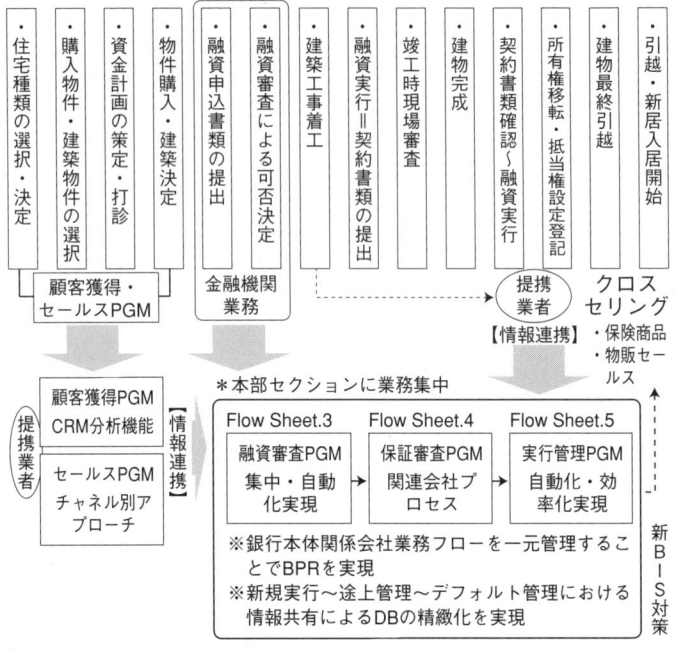

・住宅種類の選択・決定	・購入物件・建築物件の選択	・資金計画の策定・打診	・物件購入・建築決定	・融資申込書類の提出	・融資審査による可否決定	・建築工事着工	・融資実行＝契約書類の提出	・竣工時現場審査	・建物完成	・契約書類確認～融資実行	・所有権移転・抵当権設定登記	・建物最終引渡	・引越・新居入居開始

顧客獲得・セールスPGM ／ 金融機関業務 ／ 提携業者【情報連携】／ クロスセリング ・保険商品 ・物販セールス

提携業者【情報連携】
- 顧客獲得PGM　CRM分析機能
- セールスPGM　チャネル別アプローチ

＊本部セクションに業務集中

Flow Sheet.3　融資審査PGM　集中・自動化実現
→ Flow Sheet.4　保証審査PGM　関連会社プロセス
→ Flow Sheet.5　実行管理PGM　自動化・効率化実現

※銀行本体関係会社業務フローを一元管理することでBPRを実現
※新規実行～途上管理～デフォルト管理における情報共有によるDBの精緻化を実現

新BIS対策

(出所)　筆者作成。

体系化することができます（図表5－5）。

　注文住宅や建売住宅の場合は、住宅建築・購入の段階から最終的に物件の引渡しまでの行程で、金融機関と提携する業者との役割を明確にすると同時に、提供する機能面の活用方法を考えることができます。特に、融資実行後のフォローセールスに関しては、提携業者との情報連携によりリフォーム需要の掘り起こしなど長期的な観点からお客さまを管理することが可能となります。

5 住宅ローン業務プロセスにおけるリスクマネジメント

　住宅ローンに潜むリスクの体系化という観点だけではなく、内部統制の強化という観点から考えた場合、住宅ローンにおける業務プロセス定義を精緻化する必要があります。

　住宅ローン商品の販売チャネルは多様化しており、受付から審査、実行までの全行程をインターネットのような媒体を通して実施するケースも出てきていますが、商品特性だけではなく、返済が滞った場合の対応など、受付から返済までの全行程で留意すべき点を明確に説明する体制ができているかどうかを検証する必要があります。

　また、受付時点の説明を、業務提携により金融機関以外の業者へ委託するケースの場合も、その際に「商品概要」「審査基準」「実行後の扱い」など重要事項に関する説明態勢ができているか否かを検証することも求められており、住宅ローン商品販売の業務プロセスにおける全行程の業務規程内容を明確に体系化・文書化する作業もあわせて検討する必要があります。

　全体概要を、これまで述べてきた5つの行程から体系化すると図表5－6となります。

　提案段階では、本来取り扱うことができないリスクのあるお客さまへの営業活動をしていないか、積極的に推進すべきお客さまへの対応が遅れることで機会を損失しないか、金融機関内

図表5－6　ローン業務プロセスにおけるリスクマネジメントの全体像

新規顧客 →
既存顧客 →

案件登録 → 融資提案 → 融資受付 → 融資審査 →

渉外支援システム　　　　融資稟議支援システム

統合DB
自動審査システム～リスク判定モデル適用
収益管理システム

提　案	受　付	審　査
・リスク先への提案 　（不良先への提案） 　（リスク判断なし） 　（融資運営方針無視） ・提案機会喪失 　（期日遅延） 　（顧客情報管理不在）	・融資条件相違 　（資格要件の確認不備） ・顧客要望確認相違 　（不適切条件の提示） 　（不利な条件での受付） ・不適切な適用金利 　（リスク判断相違） 　（安易な優遇条件適用） ・条件相違による判断 　（格付未実施先） 　（融資運営方針未策定）	・格付条件違反 　（融資可否判定相違） 　（適用金利相違） 　（総与信枠相違） ・融資運営方針相違 　（融資金額判断相違） 　（担保・条件相違） 　（保証条件相違） ・権限違反 　（金額権限違反） 　（融資条件権限違反）

対処先見極め

プロセスフローにおける顕在化が考えられる「リスク」を統合的に管理する！

（出所）　筆者作成。

共通Flow ──────────────▶

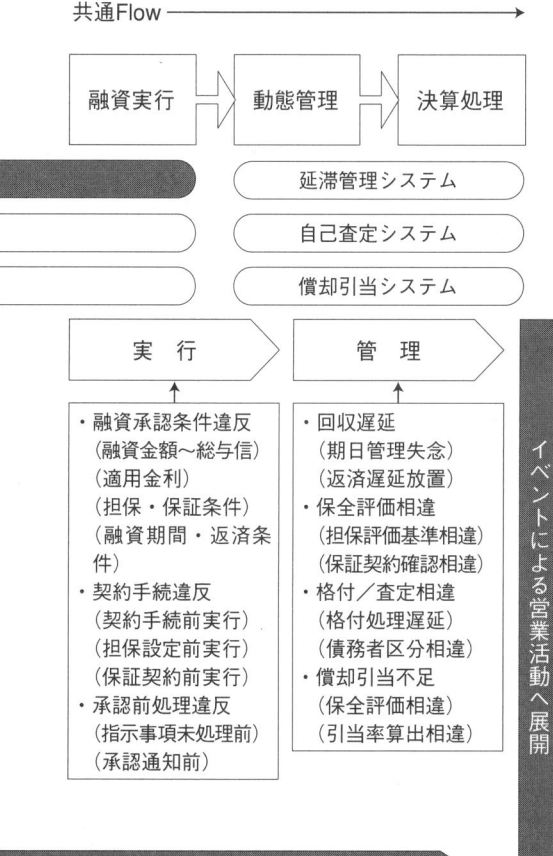

```
┌──────────┐  ┌──────────┐  ┌──────────┐
│ 融資実行 │─▶│ 動態管理 │─▶│ 決算処理 │
└──────────┘  └──────────┘  └──────────┘
```

　　　　　　　　　延滞管理システム
　　　　　　　　　自己査定システム
　　　　　　　　　償却引当システム

```
┌──実 行──▶┐  ┌──管 理──▶┐
```

- 融資承認条件違反
  - (融資金額～総与信)
  - (適用金利)
  - (担保・保証条件)
  - (融資期間・返済条件)
- 契約手続違反
  - (契約手続前実行)
  - (担保設定前実行)
  - (保証契約前実行)
- 承認前処理違反
  - (指示事項未処理前)
  - (承認通知前)

- 回収遅延
  - (期日管理失念)
  - (返済遅延放置)
- 保全評価相違
  - (担保評価基準相違)
  - (保証契約確認相違)
- 格付／査定相違
  - (格付処理遅延)
  - (債務者区分相違)
- 償却引当不足
  - (保全評価相違)
  - (引当率算出相違)

イベントによる営業活動へ展開

部の情報活用のルール化を定めることです。

　受付段階においては、商品別に定められた利用資格要件を見過ごしていないか、また、お客さまに対して不適切な条件提示や適用してはいけない金利条件を提示していないか、獲得を意識した安易な優遇条件をしていないか、融資運営規程に則した対応をしているか確認しなければなりません。審査の段階では、本来あるべき審査基準（金額、金利、保全等）に違反した内容になっていないかをチェックしなければなりません。

　実行段階では、承認された条件を逸脱していないか、契約手続に遅延や誤りはないか、保証条件に違反はないか確認したうえで実行しなければなりませんので、事前の確認が重要となります。また、実行後の管理段階では、約定どおりに契約が履行されているかの確認のほか、管理業務全般について未処理となっていないか確認する必要があります。

　つまり、業務の効率化も含めた業務プロセス改革を行う際には、想定されるリスクを制御・統制する方法についても、業務運用面、システム面の両面から検討することが必要になります。この考え方は、プロセス定義により体系化・文書化することにより「事務事故や不正行為」によるリスク発生の危険性を可視化するものですが、住宅ローン商品に限らず、他の商品サービスについても同様に業務プロセスを体系化する体制を整えることにより、「日本版SOX法」への対応としてとらえることができる点を補足しておきたいと思います。

第6章 住宅ローン債権管理の重要性

民間金融機関のディスクロージャー資料をみると、貸出金全体の20％から30％が住宅ローンです。ところが、ここまでウェイトが高まった貸出金の金利決定方法や、リスクの管理方法が、事業性融資のように精緻化され詳細の検証が行われていないのが実態と思われます。金融機関経営全体のリスク管理上どのようにとらえるべきかあらためて検証する必要があります。

　金融機関経営における喫緊の最重要テーマは、「健全性の確保」「収益性の向上」「経営基盤の強化」であることはいうまでもありません。昨今の金融機関は、不良債権の早期処理と新規発生の抑制を至上命題とし、企業向け融資に対しては慎重な姿勢を示す一方で、リテールビジネスにおける収益力の向上を目指すべく個人向け消費者ローン（住宅ローン）ビジネスに積極的に取り組んでいますが、従来のビジネスモデルに死角はないのか検証する時期にきているのではないでしょうか。

　長期安定・高収益の住宅ローンという位置づけから運用資産ポートフォリオの改善を図るべく積極的な営業活動が行われていますが、単に取扱残高や実行額だけではなく、消費者ローン・住宅ローンの金額・適用金利・融資期間・保全状況・返済条件等の融資案件そのものの内容を詳細に吟味する必要があります。しかし、保証会社の保証によりリスク面は軽減されている点もあり、残高確保が優先され、「収益性」「リスク」という点は軽視されていたのが現状です。

1 自己資本比率規制

　また、金融機関経営の健全性を示す指標である「自己資本比率」については、新たな算出基準となる「新BIS規制」に対応すべく、各金融機関は指標算出手法を選択しなければなりません（図表6-1）。当初より、内部格付手法を選択する金融機関は数十行であり、地域金融機関の大半は標準的手法を採用していますが、将来的には内部格付手法への移行を前提に各種情報整備へ着手しているのが現状であると思います。

　新BIS規制の最大の特徴は「信用リスクの精緻化」と「オペレーショナルリスクの導入」です。信用リスク管理機能を活用した金融機関独自の「内部格付手法」によりリスクウェイトの計算方法の多様化が認められており、体制整備が可能となれば現状規制より所要自己資本額が軽減される可能性もありますが、一方でオペレーショナルリスクに関しては、事務事故や不正行為により発生するリスクを数値化することが必要であり金融機関側の対応負担は増加傾向にあります。

　このような状況下、住宅ローン債権＝抵当権付居住用住宅ローン債権に関しては、標準的手法を採用してもリスクウェイトは35％と従来規制である50％よりも15％軽減され、内部格付手法によりPD（デフォルト率）、LGD（損失率）を精緻に算定することができればさらに軽減することも可能となります。

図表6-1 新BIS規制を加味した住宅ローン債権管理の考え方

【貸出金構成】

- 一般貸出残高（70〜80％）
- 住宅ローン残高（20〜30％）

現行BIS規制【リスクアセット】

現在 →

- 一般貸出部分 100％
- 住宅ローン部分 50％

今後 →

新BIS規制【リスクアセット】

- 1億円以上 一般貸出部分 20〜150％
- 1億円未満 一般貸出部分 75％
- 住宅ローン部分 35％

（標準的手法）地域金融機関の大半が利用すると見込まれる手法
2006年度実施を前提に検討
個別企業の評価方法が鍵！

- 外部格付機関評価を基準に債務者ごとに判定
  - A3／A2＝20％
  - A＝50％
  - 格付なし／B3／B2＝100％
  - B以下／90延滞＝150％

引当処理

自己査定に基づき
- 正常先
- 要注意先
- 要管理先
- 破綻懸念先
- 破綻先

ごとに引当率を算定し実施！

行内格付に基づき適正金利を適用…？

※重点的に推進する目的…？
- BIS規制の観点
- 収益性の観点

※引当率は一般貸倒比率3／1000適用またはゼロ…？

※債務者／債権ごとの個別評価…？
当初審査は厳密だか途上与信は正確に行っているのか…

※金利上昇によるリスク
〜不採算債権への変化
〜未収利息発生時の評価をいかに判断するのか！

抵当権付住宅ローン債権の要件に合致しているか

※債務者および債権の評価方法の確立
- 初期与信のみの判断でよいのか？
- 融資金額と担保時価評価額との関係は把握できている？
- 融資実行後の途上与信管理はできているのか？

※セグメント区分ごとの個別債権評価の体系化が必要
- 担保による元金回収リスクだけの評価でよいのか…？
- 返済不能となる可能性を事前にチェックできるのか…？
- 商品特性による採算性の悪化の可能性はないのか…？

（出所）筆者作成。

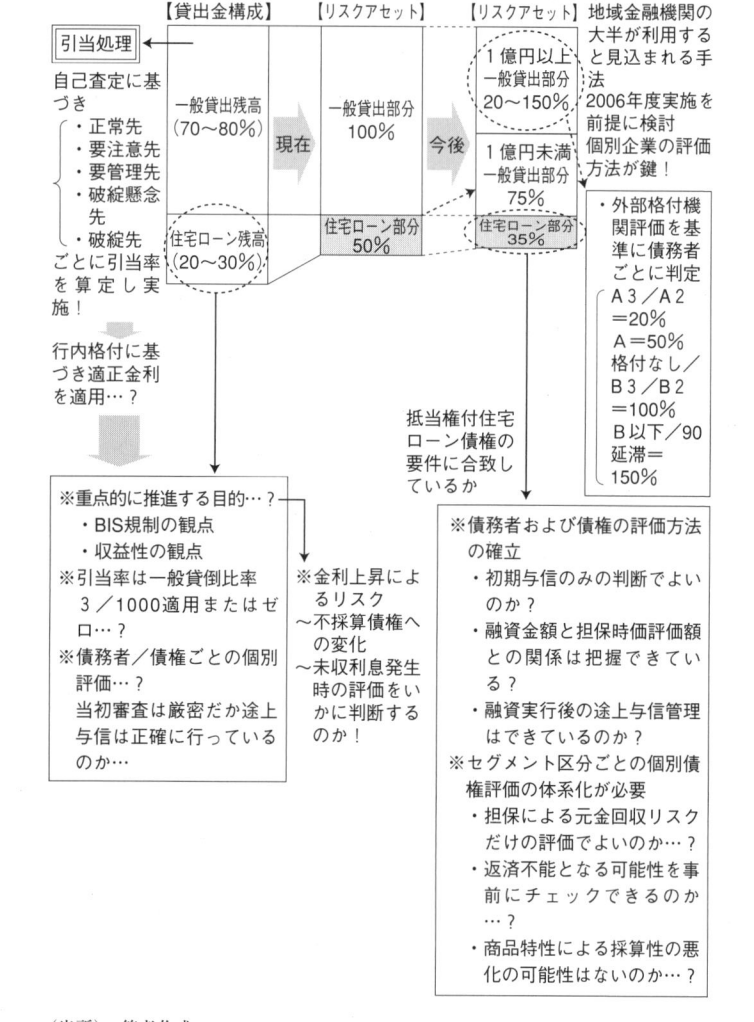

図表6-2 新BIS内部格付手法への適用方法～データ蓄積

プール区分基準
■債務者のリスク特性（債務者タイプ、年収等による区分）
■取引のリスク特性（商品種別、担保種別、LTV、保証等）
■延滞状況（延滞と非延滞～延滞後回収状況／代弁後状況）

| 初期与信段階における収集情報 | 途上与信段階における収集情報 |

全債務者を一定のグループ分類に体系化（初期与信情報）
リスクを把握するために必要な情報をリスク別に体系化し実態を把握
（途上与信情報）

PD：
　■プール区分数および区分内最低件数
　■未格付先
　■デフォルト認識・管理方法など
GD：
　■回収データの過去実績年数・項目
　■回収データのカバー範囲
　■回収データの認識・管理方法など

EAD：
　■EADの定義
　■CCF算定方法

時系列データを活用しPD／LGD／EDAを推計する

（出所）　筆者作成。

　新BIS規制において内部格付手法を選択する場合、また、標準的手法を採用しても将来的に内部格付手法へ移行することを想定している場合、リスクウェイト関数を算出するには、5年間のヒストリカルデータの整備が義務づけられていますが、現在、金融機関が取り扱う住宅ローンに関しては、保証会社（自行系関係会社または業態で設立した保証専門会社、ノンバンク等）の保証に基づく貸出が一般的となっており、情報整備に関しては長期的な対策を考えなければなりません（図表6-2）。ま

た、オペレーショナルリスクの検証という観点からも、現状の業務プロセスにおける問題点を整理する必要があり、今後の具体的な対応策の方向性は異なります。

金融庁から公表された標準的手法におけるQ&Aにおいて、新BIS規制における抵当権付住宅ローンとしての最低要件は「ローン債権金額が融資対象物件の時価額の範囲内〜LTV≦100％」であること＝抵当権により完全に保全されていること」と解釈されており、「融資実行時には時価額の範囲内であったとしても、自己資本比率を算出する時点で要件を満たしていなければ、その他リテール債権として分類されリスクウェイトは75％とする」とされています。つまり、金融機関は定期的な債権評価の洗い替えを実施しなければならないのです。また、保証会社保証により保全されており、回収ロスは発生しないという安易な管理は否定されており、審査段階からの体制整備の強化も求められています。

仮に、他金融機関で実施された「固定金利特約型住宅ローン」の肩代わり案件を考えた場合、融資実行後5年程度しか経過していない場合、肩代わり融資実行時の物件時価額は当然、中古物件として評価しますから、大半の場合、融資実行額は時価額を超えていると思われます。この場合、抵当権により完全に保全されている融資債権には該当しないため、リスクウェイトは75％になります。

また、金利上昇への対応は、固定金利型住宅ローンに限らず変動金利型住宅ローンについても、金利上昇局面においては採

算性が悪化し、場合によっては不採算となるケースも想定されますが、新BIS規制における「第二の柱」の内部監査体制面からも住宅ローン債権の実態を正確に把握できる仕組みが必要となります。

　つまり、内部格付手法ではなく標準的手法を採用する金融機関であっても、住宅ローン債権に関しては「自己資本比率算出時点のLTV値」を算出できる機能を確立し、債権ごとの評価を実現する体制を整備しなければならないのです。特に、事業性融資と異なり、個人を対象とした住宅ファイナンスに関しては最終的には物件価値を前提に回収することが必要であり、安全かつ優良な資産として管理するためには、個々の債権内容を正確に把握する仕組みが必要となるはずです。

　住宅ローン残高を積極的に伸ばすべく、融資事務フローを簡略化するために自動審査モデルを構築し集中窓口を設定する金融機関も多くなりましたが、年に一度の時価額の算定と借主の定性要件の再判定ができるか否かがポイントとなります。自動審査モデルによる入り口段階での効率化とリスク軽減措置だけに頼るのではなく、実行後の途上与信判定―返済を確実にしてもらえるか否かの判断をいかにして正確に把握し、デフォルト（延滞発生）の事前防止を実現できる仕組みを構築しているか否かが重要となります。

　ただ、現在の金融機関における自己査定スキームでは、正常に返済している個人向け住宅ローンに関しては正常先に分類され、資産査定も厳格に行う必要性がないものとされていること

から、現時点では、これまで述べた仕組みを構築している金融機関が少ないのが実態です。事業性融資同様に、営業推進に重点を置くのではなく「債権管理の強化」という観点から体制面を強化する時期にきていると考えられます。

2　証券化への適用

　住宅ローンの推進を今後とも積極的に進めていくなかで、①将来の金利上昇に伴うリスクの軽減、②資金調達手段の多様化、③ポートフォリオの再構築を図ることを目的として、住宅ローン債権証券化の実施を検討する金融機関もあります。

　金融機関は資金調達面における最長の手段は3～5年の預金商品が主体となる一方で、住宅ローンに関しては貸出期間が25～35年と超長期となるのが一般的です。変動金利型住宅ローンの場合は、金融機関の資金調達手段の契約期間をある程度意識した商品設計ができていますが、調達と運用の期間ミスマッチを完全に埋めるには限界があります。デリバティブ等の新たな手法を用いた固定金利型商品を取り扱う金融機関もありますが10年くらいまでが一般的であり、期間ミスマッチによる金利リスクをいかにして制御するかは、資産管理という点から考えると金融機関にとって最優先するべき検討テーマです。

　このような観点から「証券化」を活用して想定されるリスクを軽減するためには、個々の債権の情報を正確に蓄積し、かつ分析できる体制整備が必要となります。

　住宅ローン債権の流動化の一般的な仕組みは、銀行が保有する住宅ローンの一部を信託銀行へ信託し、その対価として得られる信託受益権のうち優先受益権について、証券会社を通じ機

関投資家に販売されます。優先受益権といわれる部分は、格付機関により投資対象債権として優良な格付を取得する必要があります。

　ここでポイントとなるのが、信託銀行に信託する住宅ローン債権を一定の基準（返済できるか否かの確立）により分類して優先受益権として構成できるか否かを判定することですが、投資対象債権として評価されるためには債権の実態を正確に評価できるための情報が整備されているか否かがポイントとなります。つまり、契約どおり返済され延滞する可能性はないか、繰上返済される可能性はないか、安定した債権グループを体系化できるかどうかが問題となるのです。

第7章 住宅ローン債権管理の具体的方法論

これまで考察してきた問題点を総合的に考え、住宅ローン債権をどのように管理すべきか具体的な方法論を考えることとします。

　まず考えるべきポイントは「住宅ローン債権」の情報をどのように体系化すればよいか、体系化した情報をどのように活用＝分析すればよいのか、分析した結果に基づき営業戦略上どのようにして利用すべきか、3つの観点からまとめる必要があります。

1 住宅ローン債権管理に必要な情報項目

　金融機関が保有する住宅ローン債権の情報整備体制を再度見直す必要がありますが、第一に、新BIS規制への対応として「内部格付手法への移行」を前提とした「リスクウェイト関数を算出する際に必要となる情報整備」という観点から考えることが重要です。

　住宅ローンも含めたリテール債権の場合、特定のプール（債権の集合体）に割り当てること＝住宅ローン債権向けの格付制度を構築することが最重要テーマとなります。第4章の「本来あるべき住宅ローン審査の考え方」で定義した、初期与信判断する際の管理基準（LTVとDTIを活用）を前提にすることが第一ステップです。そのためには「債務者リスク」と「取引リスク」の双方に着目した情報整備をしなければなりません。

　基本的には、債務者別に情報を整備し、当該情報項目を活用し、有効性を示すことが可能な債務者数を前提にセグメント＝特定プール化し、年に一度当該セグメント別に「債権の状態」を検証し、情報のメンテナンスを行う必要があります。しかし、過去に取り扱った住宅ローン債権も含めすべての情報を整備するには相当の体力と負担を要するとともに、前述したとおり、保証会社保証の住宅ローンの場合、必要となる情報が銀行内部に存在しないケースも想定されるため、自行系の保証会社

による債権に関しては、銀行と保証会社が共同で情報整備にあたることが必要となります。また、代位弁済手続により債権が保証会社へ移った後の、回収業務に関する履歴情報についてもグループ内情報として銀行・保証会社が相互に共有する体制の整備が望まれます。

それでは、どのような情報が必要となるでしょうか。図表7－1に示したとおり、以下の3つのカテゴリーに関する情報がポイントとなります。

① 債務者特性…借入金を約定どおり返済することができるか否かを判定する…債務者リスク
② 取引特性…融資した資金を回収できるか否かを判定する…取引リスク
③ 仕振特性…日常の取引から返済遅延や回収不能、さらには取引が継続できるか否かを判定する指標…仕振リスク

近年、住宅ローン業務の効率化の観点から導入する動きが高まっている自動審査モデルでは、債務者が約定どおり返済できるか否かという観点から、債務者リスクに代表される情報を基に独自の判定モデルを構築し、当該判定モデルを活用することで初期の与信判断に活用しているケースがあります。特に年間の収入に対する返済額の割合として評価するDTI指標については、すでに住宅ローンを利用している債務者に関しても、③の仕振リスクを判定する際に必要となる情報が整備可能であれば、当該仕組みを活用して擬似的な格付を設定することもできます。

図表7-1　住宅ローン債権管理に必要な情報項目

下記データ項目を使用し全債務者を一定のグループ分類に体系化する
　⇒想定されるリスクを把握するために必要な情報項目を、リスク別に体系化し活用する

①債務者特性＝既存取引先（～取引経過期間）／新規取引先 　　　　　　　デモグラフィック特性（年齢・所得・就業状態・ライフステージ・家族構成） 　　　　　　　商品適正（返済比率・就業期間・年齢制限等審査判定基準） 　　　　　　　外部信用情報（他利用状況・ブラック情報有無等） 　　　　　　　セグメント基準（金融機関内部における顧客管理基準～攻め・守り） ②取引特性　＝商品種別（新規・借換え）／（固定金利・変動金利・提携等商品別） 　　　　　　　適用金利（基準金利・優遇金利・スプレット等） 　　　　　　　保証種別（自行系保証会社・第三者保証機関・個人保証等） 　　　　　　　担保種別（時価額・担保価格・優先債権者有無・LTV値／収益還元値） 　　　　　　　物件種別（新築・中古）／（個別住宅・分譲住宅・マンション・アパート等） 　　　　　　　物件特性（基準価格／近隣地価推移／近隣類似物件価格推移） ③仕振特性　＝動態変化（預金口座残高推移／商品サービス利用動向／取引不能実績） 　　　　　　　返済履歴（延滞有無・時期・金額・期間・解消経過等） 　　　　　　　回収実績（督促経過／返済実績／物件処分実績～評価額との比率等）

　　　　　●債務者リスク＝借入金を約定どおり返済することができなくリスクを事前判定
　　　　　●取引リスク　＝融資した資金を回収できなくなるリスクを商品面から判定
　　　　　●仕振リスク　＝日常取引から返済遅延・回収不能となるリスクを判定

(出所)　筆者作成。

たとえば年間の返済額総額(ボーナス併用先であれば通常返済分とボーナス返済分を合算)を月額単位にし、返済口座に指定してある預金口座の年間の平均月額平残、または月額ピーク残高がどの程度の割合にあるかを判定することで「返済比率」と類似した見方ができます。実際にはそのような取扱いはむずかしいため、従来の金融機関の推進においては、住宅ローンを実行する先には、必ず給与振込みを指定してくださいとお願いしています。給与振込みをしていただくと、年間の給与振込額は、控除額を差し引いて年間所得のおよそ70%程度になります。ですから、合計額を70で割り引く計算により推計所得データというかたちで推計のDTIが出せることになります。住宅ローンを申し込まれた方が、あわせて給与振込みを指定すると金利が優遇される施策を実施されている金融機関がよくありますが、これは収入額の推移も含めて動態変化をみるうえでも重要です。

　また、融資実行額および適用金利に関しては、当該判定モデルと「取引リスク」である融資対象物件の状態(〜LTV値や実行担保価格等)により一定の分類基準を設け選定しているケースが大半であり、当該情報を効果的に活用することが望まれます。特に、取引リスクとして重要な「融資対象物件の時価額」の算定に関しては、初期与信の際の評価機能を継続的に活用する体制を整備することで物件価格の情報更新により、毎年LTV値を算定することが可能となります。また、抵当権付居住用住宅ローン債権の解釈としては、ローン債権金額が融資対

象物件の時価額の範囲内（~LTV≦100％）であることが要件であり、100％を超えている場合はその他リテール債権に分類されることから、標準的手法を選択する金融機関であっても対象となる住宅ローン債権については「融資実行時点だけではなく、毎年資産査定見直し時点のLTV値」を算出する必要があり、取引特性に関する情報の整備は必須です。

仕振リスクにおける動態変化および返済履歴に関しては、銀行内部における勘定系情報を体系化することで定義することが可能となりますが、返済履歴や回収情報に関しては最終的なPD（デフォルト率）、LGD（損失率）を加味した内部格付モデルを構築するうえでは、初期与信に活用される情報も含め重要な要素であり、格付精度の向上を前提とした運用を行うには必須情報となります。また、プリペイメントリスク（＝契約前解約）を未然に防止するためには、日々の取引状態の変化から類推する必要がありますが、その際には「動態変化」に代表される情報の効果的な活用が求められます（詳細については後述します）。

参考までに、リテール債権の特定プール化を想定したローン利用者のセグメント分類の考え方を図解すると図表7－2のとおりとなります。

LTVとDTIにより分類された基準に金融機関内部における管理基準（＝セグメント基準）を組み合わせた顧客グループを、さらに、融資残高と契約残存期間（または契約後経過年数）を基準に一定金額（＝10百万円等）と一定期間（＝10年等）を基

図表7-2　ローン利用者セグメント分類の基本的考え方

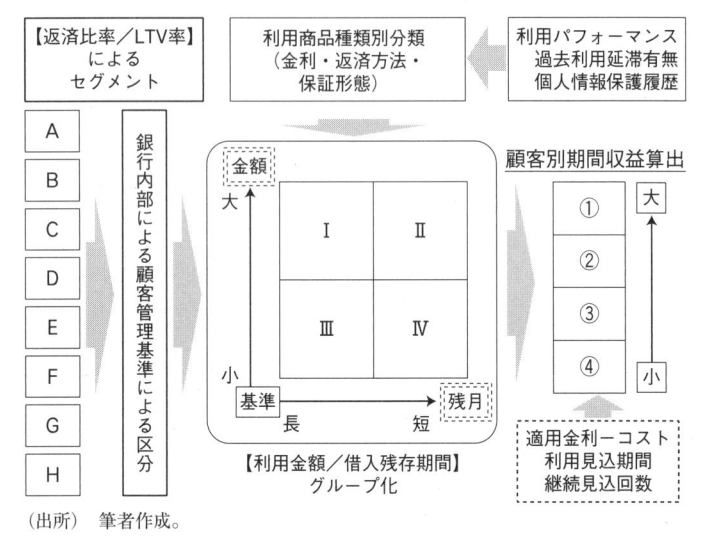

```
【返済比率／LTV率】        利用商品種類別分類      利用パフォーマンス
    による              （金利・返済方法・      過去利用延滞有無
  セグメント               保証形態）          個人情報保護履歴
```

セグメント	銀行内部による顧客管理基準による区分	【利用金額／借入残存期間】グループ化	顧客別期間収益算出
A		金額 大　Ⅰ　Ⅱ　　Ⅲ　Ⅳ 小　基準　長　　短　残月	① 大
B			②
C			③
D			④ 小
E			
F			適用金利－コスト
G			利用見込期間
H			継続見込回数

（出所）筆者作成。

準に分類することが考えられます。当該グループ別に商品性（金利や返済方法、保証形態）別に利用者分類を行い、過去の情報を基に「延滞の状態」や「個人情報の履歴状態」を検証します。さらに、収益性を考慮する必要もありますから、顧客別に算出した期間損益の階級により分類することが必要となります。

以上述べた内容により情報整備を行うことで、銀行内部における独自の判定モデルを体系化することができますが、当該情報を整備することで、今後利用がふえるであろう「金利リスク対策を目的とした住宅ローン債権の証券化」を実施する場合を想定すると、「個別債権のパフォーマンス分析」に基づく商品

設計（ストラクチャリング）を行う際に必要となる情報整備への活用も可能となるのです。

2 住宅ローン債権の分析手法

　金融機関内部、さらには関係する保証会社に保存されている情報も含め、一定期間（最低でも過去3年間）の情報が整備され、毎年継続的に情報が蓄積される体制を整備したと仮定し、次に、確立された情報をどのように活用すればよいか考えなければなりません。

　まず、住宅ローンを利用しているすべてのお客さまを一定の基準によりランキングやカテゴライズにより体系化することです。お客さま判定基準として体系化された情報を基に、一定の基準日時点のお客さまの状態を過去1年前（または想定する期間前）のお客さまの状態と比較することが評価方法の基本となります（図表7－3）。

　一定時点のお客さまは、前回の基準日以降取引を継続されているお客さまが大半ですが、その期間中に新たに取引を開始されたお客さま、反対に期間中に取引がなくなったお客さまも存在します。また、取引を継続しているお客さまのなかには、以前と変化のないお客さまのほかに金融機関との取引関係が良好になったお客さまもいれば、逆に取引が疎遠となったお客さまも存在します。

　つまり、一定の判定基準に基づき2期間の状態変化をとらえることで、住宅ローンを利用しているお客さまの取引実態を正

図表7-3　債務者グループによる基本的評価方法の考え方

全取引先を同一の基準によりランク化し実態を検証・最適モデルを体系化する
【取引悪化の実態／既存取引先の実態／新規取引先の実態】

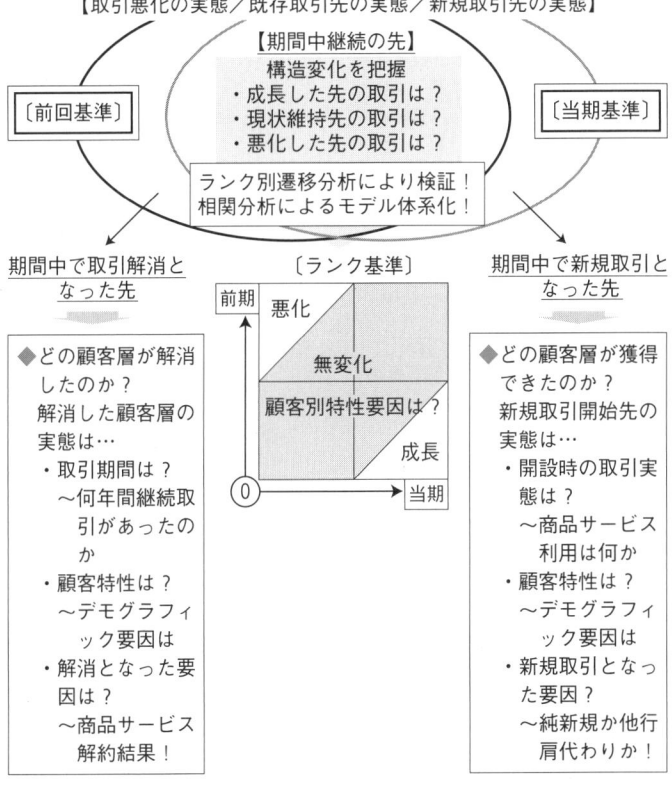

〔前回基準〕　〔当期基準〕

【期間中継続の先】
構造変化を把握
・成長した先の取引は？
・現状維持先の取引は？
・悪化した先の取引は？

ランク別遷移分析により検証！
相関分析によるモデル体系化！

〔ランク基準〕
前期／悪化／無変化／顧客別特性要因は？／成長／当期

期間中で取引解消となった先

◆どの顧客層が解消したのか？
解消した顧客層の実態は…
・取引期間は？
　～何年間継続取引があったのか
・顧客特性は？
　～デモグラフィック要因は
・解消となった要因は？
　～商品サービス解約結果！

期間中で新規取引となった先

◆どの顧客層が獲得できたのか？
新規取引開始先の実態は…
・開設時の取引実態は？
　～商品サービス利用は何か
・顧客特性は？
　～デモグラフィック要因は
・新規取引となった要因？
　～純新規か他行肩代わりか！

(出所)　筆者作成。

確に把握することができるのです。これは、その期間における営業活動の実態を反映した内容でもあり、営業活動そのものを評価する際にも同様の分析を行うことがあります。取引実態を把握する際の基本的分析手法として考えることができます。

第7章　住宅ローン債権管理の具体的方法論

図表7-4 住宅ローン債権管理＝ポートフォリオ管理機能の全体像

※ローン債権を債務者別に定期的に下記指標を活用し以下の項目を
クロス集計にて把握する。

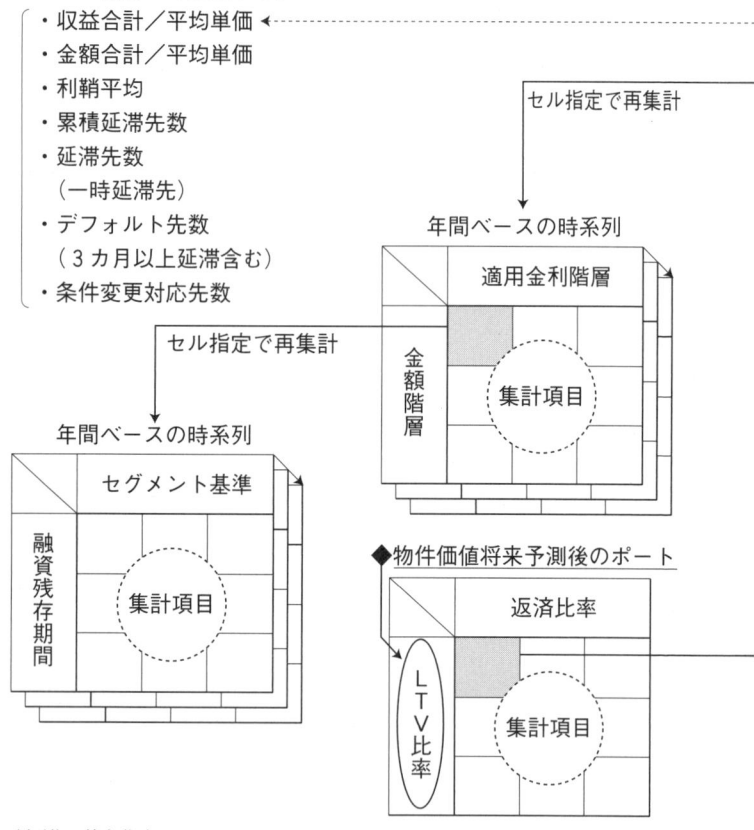

- 収益合計／平均単価
- 金額合計／平均単価
- 利鞘平均
- 累積延滞先数
- 延滞先数
  （一時延滞先）
- デフォルト先数
  （3カ月以上延滞含む）
- 条件変更対応先数

セル指定で再集計

年間ベースの時系列

適用金利階層／金額階層／集計項目

セル指定で再集計

年間ベースの時系列

セグメント基準／融資残存期間／集計項目

◆物件価値将来予測後のポート

返済比率／LTV比率／集計項目

（出所） 筆者作成。

(全店／支店別／地域別に集計)
年間ベースの時系列

返済比率 / LTV比率 / 集計項目

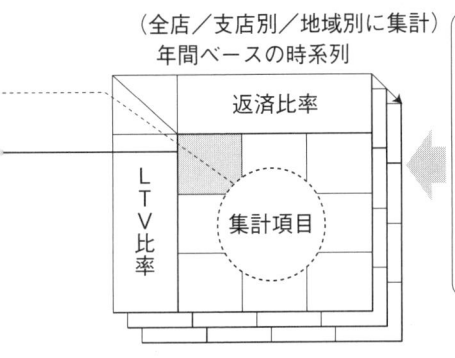

金融機関のB/S
- 貸出
  - 住宅ローン
- 預金
- 有価証券
- その他
- その他
- 資本

※債務者格付モデル策定時のポイント！
- 全先を同一の基準では評価しない
- 返済比率／LTVを基準に債務者をグルーピングする
- 各グループごとにデフォルト実績を考慮しモデルを策定
  （デフォルト定義〜3カ月延滞／条件緩和まで含む）

フォリオ分布

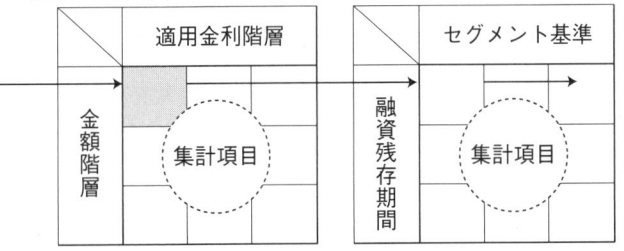

適用金利階層 / 金額階層 / 集計項目

セグメント基準 / 融資残存期間 / 集計項目

第7章　住宅ローン債権管理の具体的方法論　115

次に、住宅ローン債権そのものの実態管理の基本的考え方をまとめます。具体的には、貸出金全体のポートフォリオのなかに占める住宅ローン債権の実態を債権明細単位で検証する方法です（図表７－４）。

　まず、住宅ローン債権明細別に把握するのではなく、その貸出は「だれ」に対する貸出なのか見極めることがポイントとなります。

　住宅ローン債権管理用のポートフォリオを作成する場合、これまでは金融機関のB/Sの運用資産のなかで貸出科目が住宅ローンであるものをポートフォリオとしてみていました。つまり、債権明細別の状態を把握すればよかったのですが、重要な点は、その債権の借主がどのような特性をもっているかを考えたうえで検証することです。具体的には縦軸にLTV、横軸にDTIを一定の階層区分として定義し債権明細を債務者別に集計します。そのなかの１つのセルを指定し、適用金利の階層や、残高の金額別階層を再集計し検証していきます。ここでできたマトリックスのなかから、セル指定で再度、融資残存期間や、セグメント基準という見方で対象とするグループの実態を検証していくことになります。

　縦軸と横軸を指定したクロス集計において、集計する項目を決定し、実態を検証することになりますが、収益や残高については平均単価も算出します。さらに、平均利鞘がどうなっているか、延滞の発生状態はどうなっているか、累積延滞がある先はどこのグループが多いのか、代位弁済した先はどこのグルー

プに多いのか、条件変更の申出をした先はどこのグループが多いのか等、見方を変えながら各セルの特性を検証することとなります。この方法は、データ整備ができていれば、支店別や地区別に集計することも可能ですし、債務者特性であるデモグラフィック特性項目や商品適正項目等を用いることで、債務者特性から住宅ローン債権の実態を見極めることも可能です。このように、さまざまな角度から検証を行うことで、債務者の特定グループの条件を体系化します。

また、LTV比率については、毎期定期的に担保物件の評価洗い替えを行っているかと思います。保証会社の保証付住宅ローンの場合は、担保権者が保証会社となっていることから物件価格の定期的な見直しは必要ないと思われますが、関係会社が保証会社の場合は、金融機関が行うか、保証会社側が行うか議論が分かれますが、グループにおけるリスク管理という観点からは物件価格の見直しが必要と思われます。また、物件価格の将来予測といったかたちで今後物件価格が何％下落するのか、あるいは上昇するのか等、シミュレーションを行いLTVの変化状況をふまえ、ポートフォリオ全体の変化をとらえることも必要になるのではないかと思われます。

たとえば、貸出債権のポートフォリオのなかの「期間20年の変動金利型住宅ローン」の債権グループについて、そのグループのなかでデフォルトする可能性のある件数と金額を把握しようとすると、一顧客の情報をみなければ把握することはできません。これは事業法人も同じです。証書貸付の残高があったと

きに、その証書貸付の残高のなかでデフォルトする確率については、一社一社の債務者の格付を基準に、その格付基準＝グループにおける推計デフォルト率を算出しなければなりません。基本的には、一顧客＝債務者を基本とした情報を整備しなければ検証することができないのです。つまり、住宅ローン債権についても同様の考え方をする必要があるのです。

　また、金融機関において計画を立案するには、経営管理系の機能と、営業推進系の機能をある程度組み合わせることで全体的な予算実績管理をする必要があるといわれています。そのためには、科目別明細ではなく、顧客を軸にした見方が必要になってきます。つまり、金融機関における債権債務のポートフォリオを管理するうえでは勘定科目明細による見方と取引顧客による見方が必要になってきているのです。

3 分析結果の具体的活用手法

 次に、前項のように、債務者を基軸とした分析を行った結果をどのように活用したらよいのかを考えてみたいと思います。基本的には金融機関におけるポートフォリオ管理という観点から、事態を把握するための活用方法が主体となります。特に、住宅ローン債権分類ごとのリスクの実態を正確に見極めるには事業法人向けの格付に基づくリスク分析と同様に、住宅ローン債権を対象として策定した判定基準＝格付を活用することでより精緻な検証ができます（図表7－5）。

 格付別の実態を集計すると同時に、前回基準と比較して格付結果がどのように変化しているのか「格付遷移」により実態を見極めることができます。特に、バブル崩壊後の低成長時代は物件の価格は横ばいか低下傾向にあることから、格付基準のベースとなる融資残高に対する物件時価額の比率＝LTVは悪化する傾向が強く、格付遷移上は悪化するグループの割合が増加するものと思われます。経済情勢の変化により延滞する利用者がどの程度変化するのか、物件時価額に関しても過去のトレンドや最近の市場性を考慮し、将来的な価格変動を予測することで、金融機関（グループ）にとってのリスクの顕在化を予測することも必要になると考えられます。

 また、新BIS規制における自己資本比率算出手法に「標準的

図表7-5 住宅債権分類ごとの保全率予想によるリスク分析

集計区分 [　　]　　集計科目 [　　]

格付	今回基準				前回実績				増減			
	件数	構成比	金額	構成比	件数	構成比	金額	構成比	件数	(比率)	金額	(比率)
A												
B												
C												
D												
E												
F				未保全対象先								
G												
H												
合計												

集計区分 [　　]　　集計科目 [　　]

表示選択	今回基準								期間中改善	期間中悪化	デフォルト実績
	A	B	C	D	E	F	G	H			
前回基準 A											
B											
C											
D					未保全対象先						
E											
F											
G											
H											
期中新規											

E F G H → 合計 → 物件価値予測 格付悪化予測 → E F G H

(出所) 筆者作成。

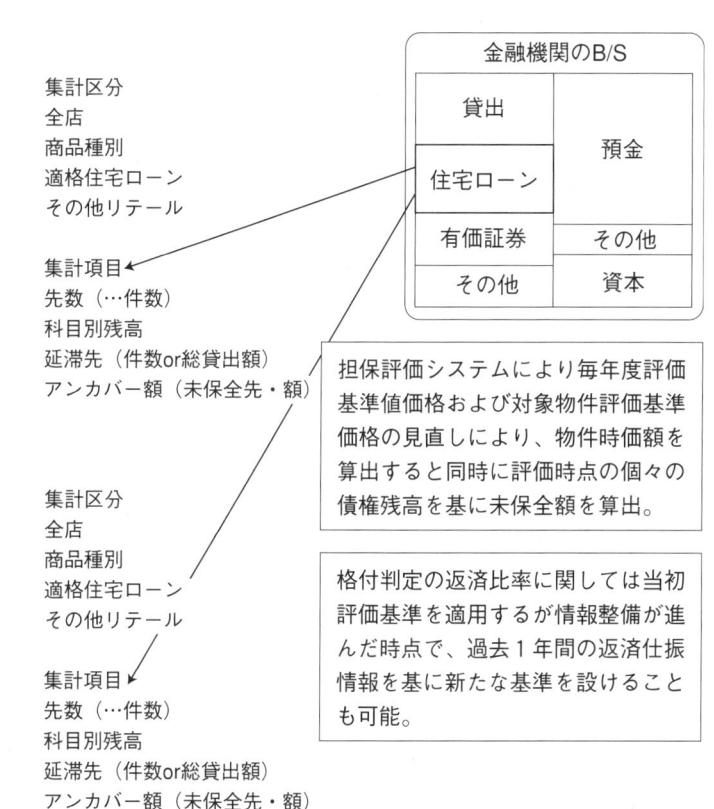

集計区分
全店
商品種別
適格住宅ローン
その他リテール

集計項目
先数（…件数）
科目別残高
延滞先（件数or総貸出額）
アンカバー額（未保全先・額）

金融機関のB/S

貸出	預金
住宅ローン	
有価証券	その他
その他	資本

担保評価システムにより毎年度評価基準値価格および対象物件評価基準価格の見直しにより、物件時価額を算出すると同時に評価時点の個々の債権残高を基に未保全額を算出。

集計区分
全店
商品種別
適格住宅ローン
その他リテール

集計項目
先数（…件数）
科目別残高
延滞先（件数or総貸出額）
アンカバー額（未保全先・額）

格付判定の返済比率に関しては当初評価基準を適用するが情報整備が進んだ時点で、過去1年間の返済仕振情報を基に新たな基準を設けることも可能。

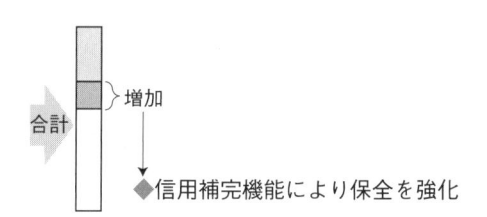

合計　　増加

◆信用補完機能により保全を強化

第7章　住宅ローン債権管理の具体的方法論

手法」を採用している金融機関については、資産査定時点において担保物件の時価額を洗い直し、査定時点のローン残高に対する時価額の割合が100％を超えているか否か確認することでリスクアセット計算をする必要がありますので、このような見方は必須と思われます。基礎的内部格付手法を採用されている金融機関においては、一定の基準に基づくグループ化＝プーリングにより住宅ローン債権のポートフォリオの実態を管理していますので、当該グループ化基準を前提に定期的に分析することは可能と思います。

以上のように、定期的にポートフォリオの状態がどのようになっているのか、リスク管理面からとらえることも重要ですが、情報活用という観点からすると、住宅ローン業務全般の業務行程において、「攻め」と「守り」という観点から活用する方法を考えることも必要となります。

融資業務全般にいえることですが、年初に本部企画部門において事業計画を立案し、その計画が営業店現場で実践されることとなりますが、情報の効果的な活用という観点から考えると、「案件発掘」「案件審査」「実行管理」という行程のなかで、最も重要となるのは「案件発掘」段階になります。この段階でいかにして効果的な情報を見つけ出し、営業店の現場に有益な情報として還元できるかが重要です（図表7－6）。

特に、従来の金融機関の営業推進面では、金融機関全体のボリュームや収益等の計画は精緻に策定するものの、実際に施策を実行に移す場合は営業店の裁量に任せているケースがほとん

どであると思われます。リスク管理面から考えれば、いかにしてリスクの少ない優良な顧客を獲得し、維持することができるかという点を考えた行動ができるように、営業現場をサポートする体制を整備することが求められます。

　つまり、本部企画部門が年間の「融資取組方針」を策定し、当該策定基準に基づき営業推進部門が目標を設定、目標達成を実現すべく推進目的に合致した対象先となる顧客の情報を営業店現場に還元する仕組みが必要なのです。具体的な推進の方法を営業現場に任せるのではなく、リスク面を事前に検証したうえで、推進すべき目的別に対象顧客情報を営業現場に還元することで「顕在化する可能性のあるリスク」を事前に統制すると同時に営業店現場でバラツキのあった活動を統一化させることが必要なのです。

　また、対象とすべき顧客に対する具体的な営業活動を実施した結果、案件が成約し審査段階になった時点でも、審査業務の効率化と厳格化を徹底すべく、対象顧客の情報を効果的に活用することが考えられます。案件化された内容について、当初決定した「融資方針」に基づく条件面での齟齬はないか、優遇する場合の条件面は適正か否かについて、体系化された情報に基づき検証するスキームを確立することで条件違反となるリスクを統制することが可能となります。

　さらに、実行後の管理についても、モニタリング機能を強化するには体系化された情報を効果的に活用する必要があります。日々の管理業務としては延滞発生時の対応はもとより、延

図表7-6　ローン業務プロセス別情報活用の基本的考え方

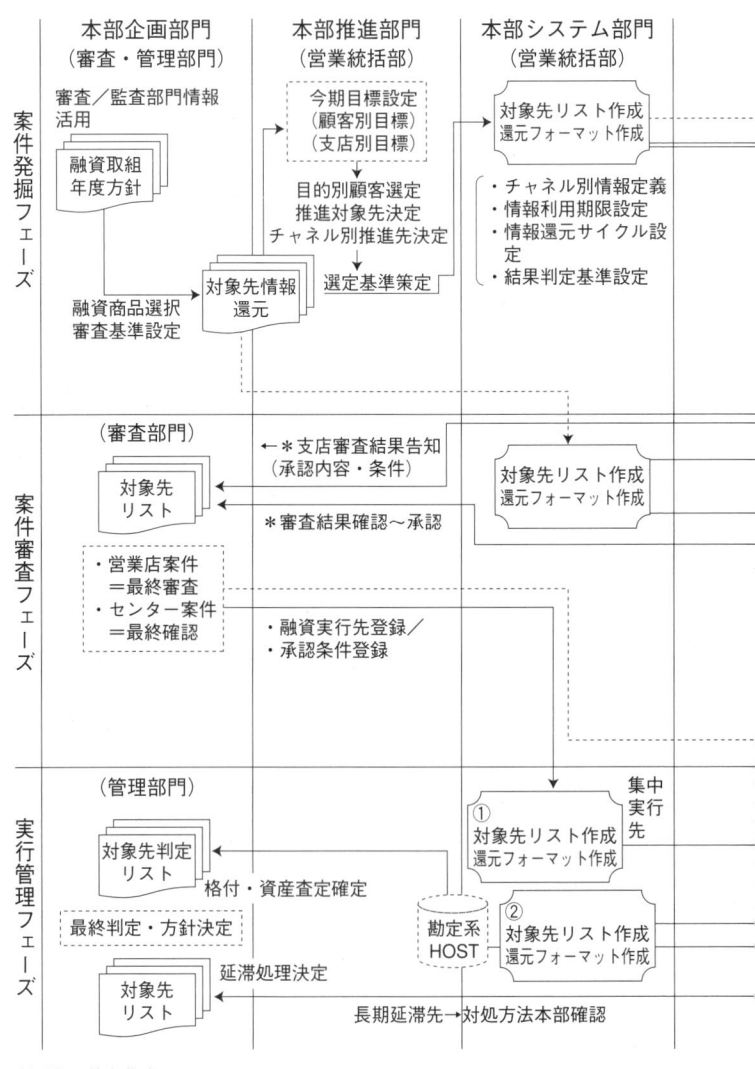

	本部企画部門 (審査・管理部門)	本部推進部門 (営業統括部)	本部システム部門 (営業統括部)
案件発掘フェーズ	審査／監査部門情報活用 融資取組年度方針 融資商品選択 審査基準設定	今期目標設定 (顧客別目標) (支店別目標) ↓ 目的別顧客選定 推進対象先決定 チャネル別推進先決定 選定基準策定 対象先情報還元	対象先リスト作成 還元フォーマット作成 ・チャネル別情報定義 ・情報利用期限設定 ・情報還元サイクル設定 ・結果判定基準設定
案件審査フェーズ	(審査部門) 対象先リスト ・営業店案件 ＝最終審査 ・センター案件 ＝最終確認	←＊支店審査結果告知 (承認内容・条件) ＊審査結果確認〜承認 ・融資実行先登録／ ・承認条件登録	対象先リスト作成 還元フォーマット作成
実行管理フェーズ	(管理部門) 対象先判定リスト 格付・資産査定確定 最終判定・方針決定 対象先リスト 延滞処理決定	長期延滞先→対処方法本部確認	集中実行先 ①対象先リスト作成 還元フォーマット作成 勘定系HOST ②対象先リスト作成 還元フォーマット作成

(出所)　筆者作成。

124

集中センター部門 (MSC)

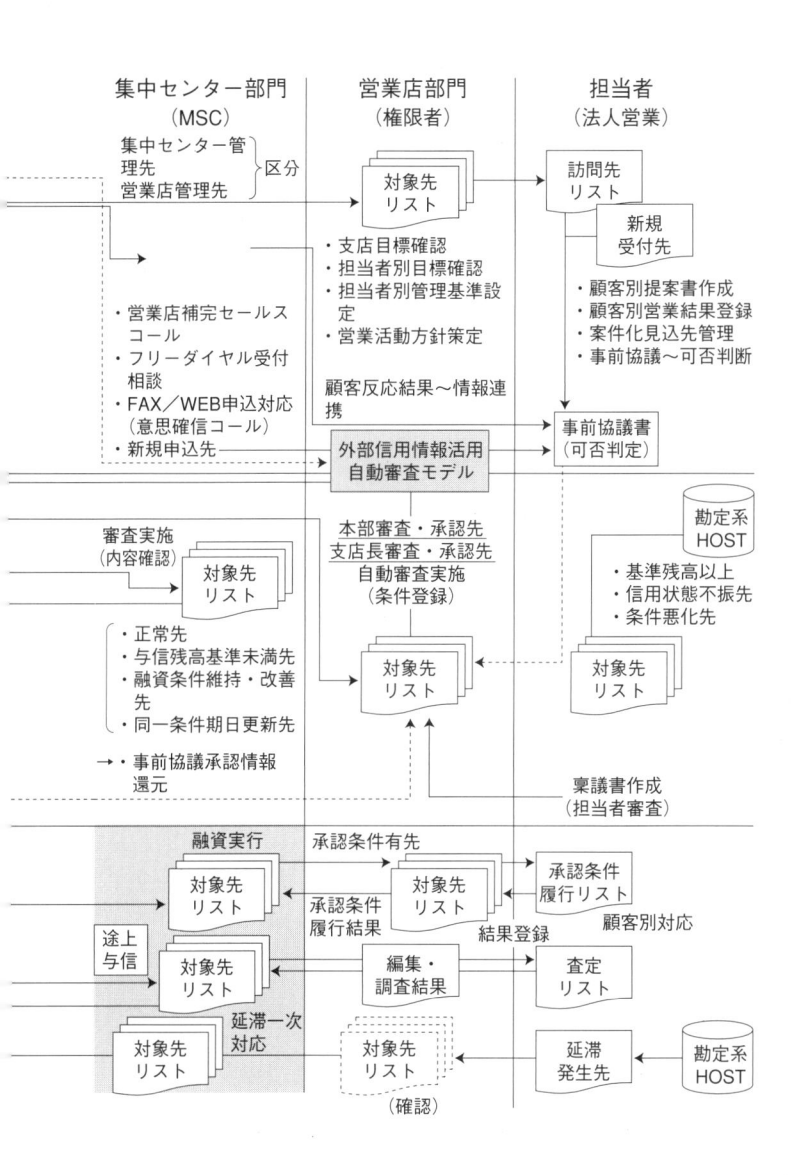

集中センター管理先 ／区分
営業店管理先

- 営業店補完セールスコール
- フリーダイヤル受付相談
- FAX／WEB申込対応（意思確認コール）
- 新規申込先

審査実施
（内容確認）

対象先リスト

- 正常先
- 与信残高基準未満先
- 融資条件維持・改善先
- 同一条件期日更新先

→・事前協議承認情報還元

融資実行

対象先リスト

途上与信

対象先リスト

延滞一次対応

対象先リスト

営業店部門（権限者）

対象先リスト

- 支店目標確認
- 担当者別目標確認
- 担当者別管理基準設定
- 営業活動方針策定

顧客反応結果～情報連携

外部信用情報活用自動審査モデル

本部審査・承認先
支店長審査・承認先
自動審査実施
（条件登録）

対象先リスト

承認条件有先

対象先リスト
承認条件履行結果

編集・調査結果

対象先リスト
（確認）

担当者（法人営業）

訪問先リスト

新規受付先

- 顧客別提案書作成
- 顧客別営業結果登録
- 案件化見込先管理
- 事前協議～可否判断

事前協議書
（可否判定）

勘定系HOST

- 基準残高以上
- 信用状態不振先
- 条件悪化先

対象先リスト

稟議書作成
（担当者審査）

承認条件履行リスト

結果登録　顧客別対応

査定リスト

延滞発生先

勘定系HOST

第7章　住宅ローン債権管理の具体的方法論　125

滞になる可能性が高い顧客を事前に見つけ出し、延滞をさせないような活動を行うことも必要ですし、継続的な取引ができるのか否か、「途上与信」をする際にも顧客情報を活用することができるのです。

4 途上管理の基本的な考え方

　現在、金融機関における住宅ローン業務のなかで最も重要な要因は、すでに住宅ローン取引のあるお客さまの維持、管理をいかにして効率的かつ厳格に行うかという点です。住宅ローン市場に関しては、少子高齢化に伴い今後急速に縮小するものと予想されており、一方で、金融機関は今後も積極的に住宅ローンの取扱いを強化するとされており、金融機関の間の「既存住宅ローン利用者」の奪い合いが、今後ますます激しくなることが予想されています。

　また、現時点でも収益採算性が厳しくなっている状況下、長期継続的な取引を維持できなければ、獲得に要した費用の回収もむずかしくなることが予想されており、契約を解約されないための方法論＝プリペイメントリスクへの対応手法を早期に確立する必要があります。

　また、経済環境の影響により住宅ローン利用者が、返済に窮することで返済を滞り、融資金を回収できなくなる信用リスクに関しても、今後は現状以上に高まる可能性を秘めており、リスク管理という面からも「既存住宅ローン利用先」の管理に関しては力を入れる必要があります。

　前項までで説明した顧客情報が整備されていることを前提に、途上管理の基本的な考え方を体系化すると図表７－７のと

図表7-7　住宅ローン債権情報を活用した途上管理手法の考え方

初期与信時…「LTV&DTI」のマトリックスにより定義
債務者区分

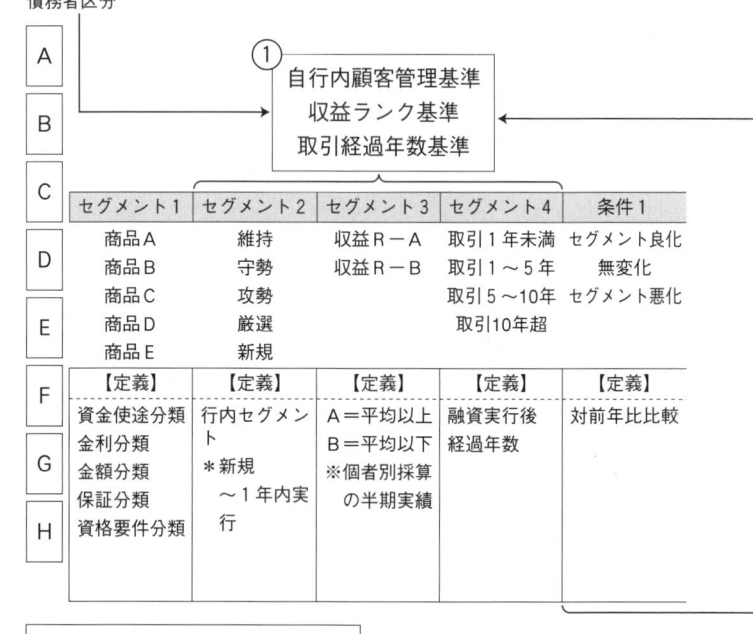

A
B　　　　　　　① 自行内顧客管理基準
　　　　　　　　　　収益ランク基準
C　　　　　　　　取引経過年数基準

	セグメント1	セグメント2	セグメント3	セグメント4	条件1
D	商品A	維持	収益R-A	取引1年未満	セグメント良化
	商品B	守勢	収益R-B	取引1～5年	無変化
E	商品C	攻勢		取引5～10年	セグメント悪化
	商品D	厳選		取引10年超	
	商品E	新規			
F	【定義】	【定義】	【定義】	【定義】	【定義】
	資金使途分類	行内セグメント	A=平均以上	融資実行後	対前年比比較
G	金利分類	*新規	B=平均以下	経過年数	
	金額分類	～1年内実行	※個者別採算の半期実績		
H	保証分類				
	資格要件分類				

商品別に利用顧客を集約しDFした顧客および繰上返済した先を①②③の各カテゴリー分類により検証することで、途上管理の必要な顧客特性を導き出すことが可能となる。

(出所)　筆者作成。

② 債務者特性（ライフステージ）を加味した区分

条件2	条件3	条件4
収益増加	預金増加	延滞なし
収益維持	預金維持	延滞僅
収益減少	預金減少	延滞多数

【定義】	【定義】	【定義】
対前年比較	対前年平残比	年間一時延滞
増加＝10％UP	増加＝10％UP	無＝0
維持＝±10％	維持＝±10％	僅＝2回以内
減少＝10％DW	減少＝10％DW	多＝3回以上

ライフステージ1	ライフステージ2
資産家層	自営
シルバー	公務員
シニア	会社員A
ミドル	会社員B
ヤングA	会社員C
ヤングB	リタイア

組合せによりパターン化
6×6＝36通り

【定義】	【定義】
資産50M以上	事業主
65歳以上	公務員関連
55〜65歳	年収10M超
40〜55歳	年収5〜10M
30〜40歳	年収5M未満
30歳未満	退職ほか

③ 年間（または半期）の顧客取引実態変化による区分

※条件1、2、3に関しては他の商品サービス利用状況によるクロスセルの結果として反映される。

※条件4はローン契約の履行状況であるが、他の引落サービスの履行状況を追加することも必要。

「攻め」と「守り」のバランスを実現する！

おりとなります。

　まず、第一に顧客の判定基準として体系化した「LTVとDTI」による格付実態をベースに、各金融機関内部で定めている顧客管理基準、収益基準、取引経過年数を用いて対象とする顧客グループを細分化していきます。さらに、細分化した顧客グループを債務者特性であるライフステージを参考に、再度、細分化することとなります。

　以上の基準で細分化された顧客グループごとに「仕振項目」を活用して一定期間の取引状態を検証します。取引内容が良好な先でさらに取引を強化すべき顧客グループ、取引状態が停滞しており取引を活発化させたい顧客グループ、取引が疎遠となり解約される可能性が高い顧客グループ、さらには、取引状態が悪く契約不履行となる可能性が高い顧客グループに分類することができますが、一定期間中に当該顧客グループのなかで「繰上返済」を行っている先、「約定返済が一時的に延滞」となっている先、「口座振替契約の引落しが連続して行われない」先、さらには「長期間延滞の状態」になっている先、「代位弁済手続を行った」先などを検証することで、リスク管理上、「途上管理」を徹底すべき顧客像を見つけ出すことができます。

　住宅ローン債権管理を前提として、「リスク顕在化先」をどのようにして見つけ出せばよいのか（図表7－8）、「プリペイメント見込先」をどのように見つけ出せばよいか（図表7－9）の2点について体系化された情報活用モデルとして参考までにまとめてみましょう。

図表7-8　リスク顕在化対象先選定事例…Sample

Event Rule No.	E	13	Rule要因	リスク顕在化先モニタリング対応

ビジネスシナリオ	融資系商品利用先で、取引振りに問題が発生した先に対する、事前モニタリング強化によりリスク管理面の強化を行う。

対象先	個人（ヤング）	○	セグメント	維持先	○	ビジネス目的	取引メイン化		Rule分類	期日管理	A
	個人（ミドル）	○		守勢先	○		リテンション			属性変更	B
	個人（オールド）	○		推進先	○		脱落防止			調達系動態変化	C
	個人事業主			厳選先	○		収益向上			運用系動態変化	D
	富裕層個人			新規先			リスク管理	○		商品系動態変化	E

Rule基準	Event Rule（ロジック）
・融資取引有先 　＊個人＝カードローン、住宅ローン、証書ローン ・6カ月間の口座引落不能回数が3回以上となった先 ・6カ月間のうち融資返済の一時延滞の回数が2回以上の先	・融資約定返済日引落不能回数合計≧2 ・公振、クレジット、他振替え（手形小切手組戻し含む）の引落不能回数合計≧3 　（6カ月間実績を使用） ・一時延滞発生回数合計≧2 　（6カ月間実績を使用）

推進商品	・個人＝ローン約定返済日日前のフォローコール	データ項目	融資返済〜6カ月間引落不能回数 出金系口座振替〜6カ月間引落不能回数 手形小切手組戻し回数 融資関連商品利用数＞0…個人 融資残高＞0…事業法人（個人）

ビジネスステップ	ファーストセールス（商品サービス告知）	DM	セカンドセールス（商品概要説明）	コールセンター	サードセールス（具体的提案活動）	営業店	【条件対象先数】

運用サイクル	期初	有効期間	6カ月

(出所)　筆者作成。

第7章　住宅ローン債権管理の具体的方法論

図表7－9　プリペイメント見込対象先選定事例…Sample

Event Rule No.	D	19	Rule要因	住宅ローン残高減少先フォローセールス			
ビジネスシナリオ	\<td colspan="7"\>・住宅ローン繰上返済により残高が減少傾向にある優良取引先に対し、住宅ローン金利優遇および高利回り運用商品の提案セールスにより全額繰上返済を防止する\</td\>						

対象先	個人（ヤング）	○	セグメント	維持先	○	ビジネス目的	取引メイン化		Rule分類	期日管理	A
	個人（ミドル）	○		守勢先	○		リテンション			属性変更	B
	個人（オールド）	○		推進先			脱落防止	○		調達系動態変化	C
	個人事業主			厳選先			収益向上			運用系動態変化	D
	富裕層個人			新規先			リスク管理			商品系動態変化	E

Rule基準	Event Rule（ロジック）
・1年前基準日と比較し住宅ローン残高が20％以上減少先〜脱落防止	・（基準日住宅ローン残高－1年前住宅ローン残高）÷1年前住宅ローン残高×100 ・上記数値＜－20％ ・（当期流動性平残－前期流動性平残）÷前期流動性平残×100 ・上記数値が2期連続10％以上変化（減少） ・給与振込指定契約有＆基準日年齢45歳以上 ・1年間延滞実績なし

推進商品	・脱落防止〜住宅ローン金利優遇＆高利回り運用商品	データ項目	・住宅ローン残高（基準月、1年前） ・流動性平残 ・給与振込契約有無 ・生年月日〜年齢 ・融資延滞区分（＝セグメントコード）…「0」

ビジネスステップ	ファーストセールス（商品サービス告知）	DM	セカンドセールス（商品概要説明）	コールセンター	サードセールス（具体的提案活動）	営業店	【条件対象先数】
運用サイクル	毎月			有効期間	エンドレス		

(出所)　筆者作成。

「リスク顕在化先」に関しては、住宅ローン利用先だけではなく、事業法人先にも適用できるモデルですが、決済口座に登録されている「口座振替」契約の履行状況を6カ月間検証し、期間中に3回以上口座引落し不能となった場合、返済原資である手元資金が厳しくなってきているのではないかと考えることができます。

また、給与振込み等定期的に入金となるサービスを利用していない取引先に関しては、住宅ローンの返済原資は他金融機関から振り込まれてくる可能性が高いことから、振込みが遅れ残高不足により一時的に約定返済が滞るケースが2回以上発生している場合もあわせて選定条件として考慮する必要があります。

給与振込みなど一定の入金がある取引先で当該事象が発生する場合は特に注意が必要となります。仮に、このようなケースが頻繁に発生する場合は、現在の返済条件が厳しいことも想定されますから、要因が一時的で今後回復する見込みのある方など、リスク管理上の許容範囲のなかで条件変更等を金融機関側から能動等的に働きかけ、月次の資金収支を改善する提案を行うなど、取引関係を強化することも考える必要があります。

「プリペイメント見込先」に関しては、取引関係が疎遠になる傾向を預金・貸金の残高推移から見極めることができます。繰上返済については、余剰金が発生したつど、返済するケースと、他金融機関から現在よりも好条件で借入れをして全額返済するケースに分類することができますが、前者の場合は、繰上

返済する資金を長期的に運用することで老後の資産設計に役立てるメリットなどを訴求し、残高維持を図ることが考えられます。一方で後者の場合は、繰上返済の要請があった時点で、他の金融機関と交渉が成立しているケースがほとんどであり、返済を止めることはきわめてむずかしくなりますので、兆候を事前に把握し、早目早目の対応をとらなければなりません。

　前者、後者の傾向を見極めるうえでは、一定期間中のローン残高の減少額の割合と預金残高の減少額の割合の検証により兆候をとらえることができます。特に、全額繰上返済となる可能性のある対象先に関しては、預金取引が極端に減った場合は注意が必要であり、現在の住宅ローン商品の適用金利が、現在の市場商品の金利と比べ極端に高いようであれば適用金利を引き下げる等の条件提示により脱落を予防する措置をとることがポイントとなります。また、情報の整備状況にもよりますが、ATMの利用状態や口座の利用状態の変化から予想することも可能です。

5 住宅ローン利用者向け営業モデル

 以上のように、整備されている金融機関内部情報を活用し、住宅ローン残高維持に影響のあるお客さまを見つけ出すことは可能となりますが、対象となったお客さまに対して金融機関としてどのような営業活動を展開するのかを考える必要があります。

 安全で収益性の高い資産構造へ変革するためには安易な金利引下げ交渉を行うのではなく、顧客指向の営業展開を考えることが重要です。つまり、適正な時価額判定（＝適正なLTV）によるローン商品とともに、保険関連商品（長期火災保険や所得補償保険、家財保険等）を毎年定期的にクロスセルする環境を整えることです。単に保険商品の販売により新たな手数料収入を得るということが目的ではなく、お客さまと定期的なつながりをもち、かつ最新の情報を入手し、途上与信の判断に活用する仕組みをつくることが重要です。

 新規に住宅ローンを利用されたお客さまは、家族も含め毎年毎年成長し、そのつど金融に関するニーズが発生します。ニーズを適宜適切にとらえ、さまざまな商品やサービスを提供することで、お客さまが離脱する可能性を抑え、同時に、金融機関としての収益性を向上させる長期継続的な営業モデルを体系化することです。金融機関が扱う商品サービス機能としてはクレ

図表7−10　個人向け総合サービスによる囲い込み戦略像

※最大目的＝付加価値開発による差別化の実現により顧客推進戦略の実現を図る！

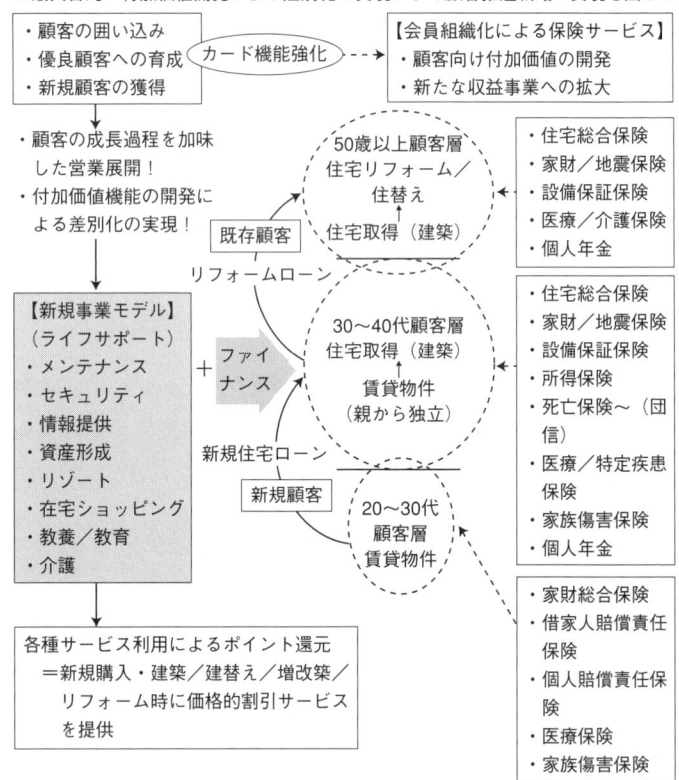

- ・顧客の囲い込み
- ・優良顧客への育成
- ・新規顧客の獲得

〈カード機能強化〉

【会員組織化による保険サービス】
- ・顧客向け付加価値の開発
- ・新たな収益事業への拡大

- ・顧客の成長過程を加味した営業展開！
- ・付加価値機能の開発による差別化の実現！

既存顧客 → リフォームローン

50歳以上顧客層
住宅リフォーム／
住替え
住宅取得（建築）

- ・住宅総合保険
- ・家財／地震保険
- ・設備保証保険
- ・医療／介護保険
- ・個人年金

【新規事業モデル】
（ライフサポート）
- ・メンテナンス
- ・セキュリティ
- ・情報提供
- ・資産形成
- ・リゾート
- ・在宅ショッピング
- ・教養／教育
- ・介護

＋ ファイナンス

30〜40代顧客層
住宅取得（建築）
賃貸物件
（親から独立）

- ・住宅総合保険
- ・家財／地震保険
- ・設備保証保険
- ・所得保険
- ・死亡保険〜（団信）
- ・医療／特定疾患保険
- ・家族傷害保険
- ・個人年金

新規顧客 → 新規住宅ローン

20〜30代
顧客層
賃貸物件

- ・家財総合保険
- ・借家人賠償責任保険
- ・個人賠償責任保険
- ・医療保険
- ・家族傷害保険

各種サービス利用によるポイント還元
＝新規購入・建築／建替え／増改築／
リフォーム時に価格的割引サービス
を提供

(出所)　筆者作成。

ジットカード機能の「顧客管理機能」「会員機能」を有効に活用することが考えられるでしょう（図表7−10）。

　30代前半で家を取得、家族が成長する過程で、「保障」というキーワードから貯蓄系の商品サービス、保険関連商品を販促

し、50歳を超えた時点で住宅改装も含めたリフォーム資金を提供する、最終的に住宅ローンが完済された時点では、既存の「住宅資産の有効活用」や「相続」という点も視野に入れたサービス提案が必要になってきます。一連のライフステージ変化に対応した長期継続的な営業活動モデルを確立することが望まれているのです。

第8章 アパートローンの推進・管理手法

金融機関では、広義の住宅ローン債権の範疇にアパートローンを含めるケースがあります。不動産賃貸業を業とする個人事業主ではなく、相続対策や資産の有効活用という観点からアパート資金を貸し出している純粋な個人に対するローンを対象としているものです。

　金融機関の営業戦略上、個人の方で遊休不動産の有効活用を考える場合や、土地持ち富裕層の相続対策として、借入金による賃貸アパート事業を計画される方も多く、長期資金の需要発掘の意味から積極的に推進してきた経緯があります。本章ではアパートローンにおける審査基準の考え方、実行後の債権管理の方法について考えることとします。

1 不動産賃貸業の目利き

　個人先に限らず、一般的に不動産賃貸業者に対する審査の場合、保有する不動産（＝賃貸物件の立地条件や設備等）の外的要因と設定された賃料体系により、収入の源となる「テナント＝入居者」の契約率が決定しますから、対象とする物件からどれだけ収益を見込むことができるかが最大のポイントとなります。

　最新の設備を擁したハイテクの物件であっても、立地条件（交通アクセス等）が悪く、賃料価格が実勢価格からかけ離れていればテナントは入居しません。一方で、築年数がたっていても立地条件が良好（駅近）で、手入れが行き届いており、管理状態が良好であれば相応の賃料でも入居者を確保することは可能です。

　つまり、利用者のニーズに合致した物件なのか、また、保有している物件のメンテナンスを頻繁に行っており良好な管理状態を維持しているか、市場実勢に合致した賃料体系につど見直しを行っているか、さらには、テナントや入居者の入替え頻度なども含め、総合的に判断しなければなりません。

　ホテル業も同様ですが、建築してしまった物件は、簡単に建て替えたり立地条件を変えることは物理的に不可能ですから、建築計画段階から詳細な計画を立てる必要があります。不動産

を所有する際のリスクを正確に理解し対応策を講ずることができるか否かの見極めが必要となります。

金融機関として審査するうえで最低限確認すべき事項は「開発取得計画」と「収支計画」の2点になります。

(1) 開発取得計画

不動産物件を建築する際には「公法上の規制」を受けるため、建築基準法や都市計画法、国土利用計画法に合致しているか否か、不動産に絡む問題（近隣地権者との問題や第三者の権利関係の問題等）は解決されているか否かの確認が必要です。

また、建築請負会社や建築会社の優劣の見極めも必要です。技術的な問題で欠陥工事など物件そのものに瑕疵が生じれば不動産としての商品価値は大幅に低下してしまいます。また、その対応のために、開発計画コストや取得予定価格が大幅に増加し、収支計画そのものの見直しが必要となり不採算事業化する可能性もあり、綿密な計画が必要となります。

(2) 収支計画

賃料価格の推移や見込みを適宜適切に把握する必要があります。賃料については近隣競合物件の立地状態や賃料設定による需給バランスの変化により物件保有者の意思に反して変動しますので「賃料は低下する」前提で収支計画を立てる必要があります。

入居したテナントや居住者についても、特定の会社等に集中

していると退去後テナントを確保できないケースも想定されます。また、不適切なテナントの入居や占拠によりテナントが退去するケース等も発生しますので、優良なテナントを確保できる状況になっているか否か、結果として、物件の稼働率（〜賃料を得られる状態）を一定に維持できるか否か考える必要があります。基本的には「空室状態が発生する」という前提で収支計画を立てる必要があります。

　以上をふまえ、不動産を保有し稼働させている広義の不動産賃貸業を審査する際の留意すべきポイントは以下のとおりです。

① テナント入居状況

　信用力のあるテナントを確保できているか、また、大口のテナントの場合は長期賃貸契約になっているか、一定の入居者を確保できているか否かがポイントです。また、適用される平均賃料に関しては、市場実勢と比べかけ離れていないか、個々の入居者との契約に関しては契約期間の更新方法（入居保証金や敷金の扱い等）を確認する必要があります。

　年間の収支計画と実績を検証するうえでも保有するすべての賃貸不動産の「入居者の情報（会社情報や風評等）、契約情報（期間や入居保証金の有無、賃料の更改条件等）、料金情報（月額賃料と共益費等）」を定期的に調査しておくことが重要です。また、敷金や入居保証金に関しては近年見直しの傾向がありますので、近隣の情勢も加味しながら検証することが必要です。

② 管理状況

　賃貸物件の日常の管理に関しては専門業者へ委託するケース

が多いと思いますが、優良な管理会社への委託により、維持修繕を抑えたり建物の老朽化を防止することも可能となります。また、テナントや入居者からの苦情や要望へすみやかに対応できるマネジメント体制を整備することで、賃貸物件としてのソフト面の価値を高めテナントや入居者の募集、退去の防止に貢献することとなりますので、管理状態がどのようになっているか、確認が必要です。また、火災や地震等の災害に対する毀損や施設賠償責任への対応に関しては保険によるリスク回避策が講じられているか確認が必要です。

③ 長期修繕計画

建物に関しては、その価値を維持するうえでは、構築物そのものの耐用年数による更改や不良な部分の修繕、また、情報化への対応等新たな改修等計画的に実施する必要があります。物件の建築後の経過年数を加味しながら、不動産としての長期的な修繕計画＝メンテナンス投資計画を定め、実施しているか否かが重要な判定ポイントとなります。テナントや入居者の退去等により収支不足が発生すると修繕や改修を実施しないケースが多くなりますが、結果としては建物の老朽化を早め物件としての価値を毀損することとなります。担保価値の目減り等にもつながりますので、計画と実施状態のモニタリングを怠らないよう注意が必要です。

2 アパート収支の考え方

　個人が不動産賃貸を行う場合は、大型のオフィスビルというよりも、一般個人を対象とした賃貸マンションや賃貸アパートの建築が主体となりますが、前項の不動産賃貸業の目利きでも説明したとおり、対象とする不動産からどれくらいの収入が得られるのかが重要なポイントとなります。融資した資金を当該収入で返済できるのか否かを見極めるには、返済原資のベースとなる収入を基準に「融資期間」と「適用金利」を決定する必要があり、「収支」の考え方を把握しておくことが必要です。また、金融機関としてはローンの対象となる収益物件を担保として取得するうえで、どの程度の価値があるか評価する必要もあります。

　以下、不動産評価の手法を基に、アパート収支の検討の方法を考えることとします。

　不動産物件の代表的な評価方法に関しては、「収益還元法」「原価法」「取引事例比較法」があります。収益還元法による評価については、物件から得られる収入から維持等に必要となる費用を控除した「純収益」が基本となります。この「純収益」をどのように見積もる＝予想するかによって評価額が異なります。

　すでに稼働している物件に関しては、現時点の収支実績を参

考に算定することができますが、新規に物件を建築する際には綿密な計画に基づく収支予想ができるか否かがポイントとなります。

　実際に収支計画の策定を前提とすると、図表8－1のとおりとなります。

・入居者（テナント）の状況はどうなっているか。部屋数に対して実際に入居している割合＝稼働率はどれくらいか、また、今後どのくらいを見込めるか、近隣の競合する物件等との比較から堅実な見方をする必要があります。
・共用部分の費用負担をどのくらいにするかを決定します。
・敷金や礼金については、近年、申し受けないケースもふえていますが、ある場合については当該費用が妥当か否か、検討したうえで運用を前提に考える必要があります。
・費用に関しては、税金や保険料、維持費等を考えると同時に「修繕費」をどれだけ計上できるかが重要となります。賃貸物件に関しては、物件価値を損なわせないためにも定期的な修繕は必要となりますので、どの程度まで必要となるか考えることがポイントです。
・減価償却費に関しては、確定申告時に認められている費用として計上できる範囲で実施することとなりますが、実際の資金は手元に蓄積されるものですから借入金の返済原資として考えることができます。償却前利益を前提に借入金の返済計画を立案することが一般的です。

　以上の点をふまえアパートローンの審査に必要となる基本的

な考え方をまとめると以下のとおりとなります。

Step.1：賃貸物件の構造や、賃料、共益費や保証金について全体が把握できるように整理する。

Step.2：決定された賃料を前提に、100％稼働した場合の収支で約定返済の余力を確かめる。

Step.3：現在の入居状況および今後の見込みも加味し、現時点の収支で約定返済の余力を確認する。

Step.4：物件の構造別に（木造：20年、鉄筋構造：40年）最長借入期間による返済による収支を検証する。

Step.5：実現可能な収支により返済条件を検証、確認する。

貸出の返済条件に関して、決定された適用金利により通常の借入期間の範囲内での返済条件・返済期間に収まっている場合は、原則として貸出条件および履行条項について問題はないと考えることができます。ただし、以下の点に関しては留意しなければなりません。

① 現在保有の賃貸ビルの価値はどれくらいなのか〜「収益還元法、原価証、取引事例比較法」にて試算しておく

② 物件処分による貸出金の回収はどのくらいになるのか〜現時点、5年後、契約満了時等を試算しておく

③ 物件価値を維持するための「修繕・改善」費用の負担はできるか確認しておく

④ 最終的には物件処分による借入金返済の意思があることを借主本人から確認しておく

⑤ 物件を処分したとしても、借主が生計を維持できるだけの

図表8－1　不動産収支を確認する際のシミュレーションイメージ

❶＝テナントの現状の明細を記入します。賃料単価の基となる部屋数またはm²数を「整数」で入力し、稼働率は現状の稼働率を「整数」で入力します。…80％の場合は「80」　また建物の建築費用を入力します。
❷＝共益費を入力します。賃料単価同様に基となる部屋当り、またはm²当りの数を「整数」で入力します。　減価償却費は建築費用に対して期間30年の定額法にて自動に算出されます。
❸＝物件ごとの稼働率の予測を、2～5年分、「整数」で入力します。…80％の場合は「80」

	❺	敷金残高		運用利回り		

				1年目	2年目	3年目	4年目	5年目
収入・支出項目	収入	家賃収入（100％稼働）	(A)	0	0	0	0	0
		家賃収入（実質稼働）		0	0	0	0	0
		共益費収入（100％稼働）		0	0	0	0	0
		共益費収入（実質稼働）		0	0	0	0	0
		駐車場施設料金	(B)					
		敷金の運用益		0	0	0	0	0
	経費または支出	税金　固定資産税（土地）	(C)	❹				
		固定資産税（建物）						
		都市計画税（土地）						
		都市計画税（建物）						
		維持・修繕費（建築費1％）		0	0	0	0	0
		管理費（…賃料5％）		0	0	0	0	0
		借地料						
		減価償却費	(D)	0	0	0	0	0
		火災保険料・損害保険料						
		前年度事業税						
		支払利息　当行（＊％）	(E)	#DIV/0!	#DIV/0!	#DIV/0!	#DIV/0!	#DIV/0!
		他行（＊％）		#DIV/0!	#DIV/0!	#DIV/0!	#DIV/0!	#DIV/0!
		他行（＊％）		#DIV/0!	#DIV/0!	#DIV/0!	#DIV/0!	#DIV/0!
		他行（＊％）		#DIV/0!	#DIV/0!	#DIV/0!	#DIV/0!	#DIV/0!
		返済元金　当行（年間）	(F)	#DIV/0!	#DIV/0!	#DIV/0!	#DIV/0!	#DIV/0!
		他行（年間）		#DIV/0!	#DIV/0!	#DIV/0!	#DIV/0!	#DIV/0!
		他行（年間）		#DIV/0!	#DIV/0!	#DIV/0!	#DIV/0!	#DIV/0!
		他行（年間）		#DIV/0!	#DIV/0!	#DIV/0!	#DIV/0!	#DIV/0!

※共益費は実質清算と仮定し収支からは控除し計算

			1年目	2年目	3年目	4年目	5年目
損益	収入合計	(F)＝(A)	0	0	0	0	0
	支出合計	(G)＝(C)＋(D)＋(E)	#DIV/0!	#DIV/0!	#DIV/0!	#DIV/0!	#DIV/0!
	不動産所得	(H)＝(F)－(G)	#DIV/0!	#DIV/0!	#DIV/0!	#DIV/0!	#DIV/0!
	税金	(I)	#DIV/0!	#DIV/0!	#DIV/0!	#DIV/0!	#DIV/0!
	税引後利益	(H)－(I)	#DIV/0!	#DIV/0!	#DIV/0!	#DIV/0!	#DIV/0!

			1年目	2年目	3年目	4年目	5年目
資金収支	収入合計	(f)＝(A)＋(B)	0	0	0	0	0
	支出合計	(g)＝(C)＋(E)＋(F)＋(I)	#DIV/0!	#DIV/0!	#DIV/0!	#DIV/0!	#DIV/0!
	純損益	(j)＝(f)－(g)	#DIV/0!	#DIV/0!	#DIV/0!	#DIV/0!	#DIV/0!
	純損益累計	(j)の累計	#DIV/0!	#DIV/0!	#DIV/0!	#DIV/0!	#DIV/0!

	残存期間	借入残高	金利	1年目残	2年目残	3年目残	4年目残	5年目残
当行		❻		#DIV/0!	#DIV/0!	#DIV/0!	#DIV/0!	#DIV/0!
他行				#DIV/0!	#DIV/0!	#DIV/0!	#DIV/0!	#DIV/0!
他行				#DIV/0!	#DIV/0!	#DIV/0!	#DIV/0!	#DIV/0!
他行				#DIV/0!	#DIV/0!	#DIV/0!	#DIV/0!	#DIV/0!

（出所）　筆者作成。

❹=収支上自動に算出されない項目は、適宜「整数」値を入力します。
・駐車場収入がある場合の駐車施設料金、各種税金、賃借料、火災保険・損害保険、事業税に関しては、実績値または見込値を「整数」で入力します。
❺=敷金がある場合は、返却はないと前提し資金残高と、予想運用利回りを「整数」で入力します。…3％の場合は「3」
❻=借入金がある場合、金融機関ごとに借入金残高と残存期間、金利(整数)を入力します。
※他借入れがない場合は、残存期間に「1」、借入金残高に「0」、金利に「0」を入力します。

テナント(現状)明細

No	名称	部屋数or㎡	賃料単価	合計賃料	稼働率	年間収入A	建築費
1				0		0	
2				0		0	
3				0		0	
4				0		0	
5		❶		0		0	
6				0		0	
7				0		0	
8				0		0	
9				0		0	
10				0		0	

共益費明細

No	名称	部屋数or㎡	単価	共益費計	稼働率	年間収入B	減価償却費
1		0	0	0		0	0
2		0	0	0		0	0
3		0	0	0		0	0
4		0	0	0		0	0
5		0	❷ 0	0		0	0
6		0	0	0		0	0
7		0	0	0		0	0
8		0	0	0		0	0
9		0	0	0		0	0
10		0	0	0		0	0

稼働率見込み(2年目以降)

No	名称	2年目	3年目	4年目	5年目
1	0				
2	0				
3	0				
4	0				
5	0		❸		
6	0				
7	0				
8	0				
9	0				
10	0				

第8章 アパートローンの推進・管理手法

収入等があるか否か確認しておく

　以上を総合的に検証したうえで貸出債権全額の回収が見込まれる内容による貸出案件であるか否か判断する必要があります。

3 不動産賃貸物件の評価の考え方

　資金収支計画は、借入金の返済が約定どおり行えるか否かを見極めるうえでは重要な要素ですが、万が一、融資先が返済を履行できなくなった際には、対象とする不動産を処分することで融資金を回収する必要があります。

　つまり、定期的に物件価格の実勢はどのくらいあるかを確認しておくことがポイントとなります。次に、不動産賃貸物件の代表的な評価方法の概要を以下で紹介します。

(1) 収益還元法

　収益還元法は、対象とする不動産が将来生み出すであろうと期待される純収益の現在価値の総和を求めることにより対象不動産の資産価値を求める手法ですが、収益還元法は、賃貸用不動産または賃貸以外の事業の用に供する不動産の価格を求める場合に特に有効です。

　収益価格を求める方法には、一期間の純収益を還元利回りによって還元する方法（「直接還元法」）と、連続する複数の期間に発生する純収益および将来の転売価格を、その発生時期に応じて現在価値に割り引きそれぞれを合計する方法（Discounted Cash Flow法＝「DCF法」）があります。

・直接還元法

$P = a / R$

P:求める不動産の収益価格

a:一期間の純収益

R:還元利回り

・DCF法(〜n年後に物件を売却するという前提の現在の価値と仮定)

$$P = a/(1+r) + a/(1+r)^2 + a/(1+r)^3 + \cdots + a/(1+r)^n + Z/(1+r)^n$$

P:求める不動産の収益価格

a:一期間の純収益

R:割引率(=期待利回り)

Z:保有期間終了時点の不動産価格

○純収益=不動産から得られる収益

　対象不動産の純収益は、一定期間(1年を単位)の総収益から総費用を控除して求めます。また、直接還元法における純収益は、対象不動産の初年度の純収益を採用する場合と想定された計画純収益を採用するケースがあります。直接還元法を適用する場合、対象不動産の純収益を近隣地域または同一需給圏内の類似地域等にある対象不動産と類似する不動産の純収益によって間接的に求める場合には、それぞれの地域特性の比較や個別的要因の比較を行い、当該純収益について適切に補正することが必要です。

　対象不動産の総費用は、賃貸用不動産の場合、減価償却費(償却前の純収益を求める場合には、計上しない)、維持管理費

(維持費、管理、修繕費等)、公租公課(固定資産税、都市計画税等)、損害保険料等の諸経費等になりますが、DCF法を適用する場合、保有期間中における大規模修繕費等の費用の発生時期に留意しなければなりません。

○還元利回りおよび割引率

　還元利回りおよび割引率は、ともに不動産の収益性を表し、収益価格を求めるために用いるものですが、還元利回りは、直接還元法の収益価格およびDCF法の将来の転売価格の算定において一期間の純収益から対象不動産の価値を直接求める場合に使用される率で、将来の収益に影響を与える要因の変動予測や予測に伴う不確実性を含んでいます。割引率は、DCF法において、ある将来時点の収益を現在時点の価値に割り戻す際に使用される率です。

　還元利回りや割引率は類似の不動産の取引事例との比較から求める方法、借入金と自己資金に係る還元利回りから求める方法、土地と建物に係る還元利回りから求める方法、金融資産の利回りに不動産の個別性を加味して求める方法等があります。

(2) 原 価 法

　原価法は、評価時点における対象不動産の再調達原価を求め、この再調達原価について減価修正を行って対象不動産の資産価値を求める手法で、金融機関における担保評価では最も一般的な手法(＝積算方式ともいわれます)です。

　再調達原価とは、対象とする不動産を評価時点において再調

達することを想定した場合において必要とされる適正な原価の総額をいいます。発注者が請負者に対して支払う標準的な建設費に発注者が直接負担すべき通常の付帯費用を加算して求めます。また、土地の再調達原価は、土地の評価時点の評価額（固定資産税評価や相続税評価等を使用した標準的な取得原価）に当該土地の標準的な造成費と発注者が直接負担すべき通常の付帯費用等を加算して求めます。

また、減価修正とは、時間の経過による老朽化等の物理的要因、設計や設備の不足等の機能的要因、立地環境の変化等による経済的要因を加味して決定するものですが、建物等は耐用年数による減価償却を加味して算出されます。

(3) 取引事例比較法

取引事例比較法は、多数の取引事例を収集して適切な事例の選択を行い、これらに係る取引価格に必要に応じて事情補正および時点修正を行い、地域要因の比較および個別要因の比較を行って求められた価格を比較、考慮して対象不動産の資産価値を求める手法です。

しかし、取引事例が特殊な事情を含み価格に影響している場合は適切な補正を行い修正しなければなりません。また、時点修正にあたっても、事例に係る不動産の存する用途的地域または当該地域と相似の地域の価格変動を加味しながら、対象不動産の土地または建物の価格の変動率を求める等取引価格を修正する必要もあります。

4 アパートローン債権管理

　賃貸アパート経営者向けの不動産融資については、老朽化と不景気による賃料の引下げ等、環境悪化要因を加味した資金収支で約定どおり返済が継続できるか否か常に把握しておく必要があります。

　近年、不動産会社が「賃貸不動産」建築の際に10～30年の家賃保障を行うサービスを提供するケースがあります。不動産会社も顧客獲得の目的から積極的にPRしていますし、金融機関側も収入における不確定要素が補完できることから積極的に活用しているケースもあります。しかし、当該サービスを提供するために建築単価を通常よりも割高にしたり、保障期間中であっても、一定期間（6カ月等）賃借入が不在の状態が続いた場合は賃料を見直す等の契約条項を盛り込むなど、利用者側に不利になるケースもあるようですので留意が必要です。また、当該不動産会社が家賃保障期間中に倒産したり、保障を履行することができなくなるリスクに関しては、一般事業会社同様に審査、確認することも必要になります。

　また、一般的には、貸出から5年程度までは計画どおりの資金収支で運営されるケースが多いのですが、年月がたつと同時に物件としての魅力も低下する一方で、近隣に新しい物件が建築されるなど競合も増し、想定された資金収支を維持できなく

第8章　アパートローンの推進・管理手法

なるケースも多くなります。不動産賃貸物件に対する融資のみの取引先に関しては、以下の内容を適切に把握できるよう日々のモニタリングを徹底するとともに、返済が困難になった要因を明確に見極め、長期的に経営を維持できるか否か適切に判断しなければなりません。

① 賃貸物件の概要および近隣の同質物件の有無、賃貸料の相場
② 対象物件が100％稼働した場合の資金収支による返済可否の検証(当初融資時点の計画も参照にする)
③ 現在の入居状況および近隣相場も加味した現時点による資金収支による返済可否の検証
④ 上記③を基準に借入金に対する返済可能額の算定と中長期的な改善パターンの検証

また、アパートローン債権のポートフォリオの実態を正確に把握するためには、住宅ローン債権同様に、一定の判定基準を制定し、構造変化をとらえることが必要です。アパートローンの場合も、融資した資金を約定どおり返済してくれるか否かという基準と、万が一返済が滞った場合、担保として申し受けている物件により回収することができるか否かという基準の組合せにより判定することができます(図表8－2)。

収支比率に関しては、償却前利益(＝減価償却前の純収益)に対する年間約定返済額の割合を用います。

ただし、償却前利益に関しては単年度ではなく、最低5年間の収支予測に基づく平均値を活用することとします。毎年、入

図表8−2　融資可否判断を決定する債務者判定基準

	収支比率						
	10%未満	10〜30%	30〜50%	50〜70%	70〜90%	90〜100%	100%以上
50%未満	1	1	1	2	3	4	4
50〜60%	1	1	1	2	3	4	4
60〜70%	2	2	2	3	4	4	5
70〜80%	2	3	3	4	4	5	6
80〜90%	3	4	4	5	5	6	7
90〜100%	4	5	5	6	6	7	8
100%以上	5	5	6	6	7	8	9

（左側縦軸：不動産比率）

〈収支比率〉　償却前利益に対する年間約定返済額の割合…（住宅ローンのDTI値と類似）

　　　　　　償却前利益に関しては、単年度ではなく最低5年間の収支予測表に基づく平均値を使用する（毎年、収入状況や稼働率を考慮して見直す）。

〈不動産比率〉　物件時価額（直接還元法）と融資残高の割合…（住宅ローンのLTV値と類似）

　　　　　　時価額を算定に使用する「純収益」に関しては収支比率のベースとなる純収益見込額の5年間平均値を使用する（還元利回りは金利情勢を考慮し算定する）。

（出所）　筆者作成。

居者の状況や物件の稼働状況、費用負担等を考慮すると同時に、今後の環境変化を加味した収支の見直しを定期的（毎年）に実施し、つど平均値を見直します。

　不動産比率に関しては、定期的評価時点の物件時価額と融資

残高の割合を用います。

物件時価額に関しては、対象物件の評価方法＝金融機関における担保物件の評価方法による定期的な見直し価格を適用することも考えられますが、収支比率の基となる年間純収益に対する還元利回りを用いた直接還元法に基づく評価額を適用します。今後5年間の収支予測に基づく各年度の純収益額の平均値を用いて、還元利回りに関しては評価時点の市場実勢金利等を参考に適用して計算します。

評価の見直しに関しては、年に一度（最終決算年度末）の自己査定業務にあわせて、毎年見直すこととします。

貸出金全体のポートフォリオのなかに占めるアパートローン債権の実態を債権明細単位で検証する方法ですが、住宅ローン債権の実態分析と同様の考え方ができます（第7章　住宅ローン債権管理の具体的方法論　2　住宅ローン債権の分析手法　参照）。

縦軸に不動産比率、横軸に収支比率を一定の階層区分として定義し債権明細を債務者別に集計します。そのなかの1つのセルを指定し、適用金利の階層や、残高の金額別階層を再集計し検証していきます。ここでできたマトリックスのなかから、セル指定で再度、融資残存期間やセグメント基準、不動産物件の構造区分（RCや木造等）、年間収入金額階層区分という見方で、対象とするグループ別の実態を検証していきます。

縦軸と横軸を指定したクロス集計において、集計する項目を決定し実態を検証しますが、収益や残高については平均単価も

算出します。さらに、平均利鞘はどうなっているか、延滞の発生状態はどうか、累積延滞がある先はどこのグループが多いか等、見方を変えながら各セルの特性を検証します。

また、不動産比率については、毎期定期的に担保物件の評価洗い替えを行いますが、収益還元法＝直接還元法を採用されている場合は、物件価格の将来予測という考え方で、今後の経済情勢や市場環境により「純収益」がどのように変化、逓減し不動産物件価格として何％下落するか、または上昇するか等、シミュレーションを行いながら不動産比率の変化状態をふまえ、ポートフォリオ全体のリスク変化をとらえることも必要となります。

5 途上管理の基本的な考え方

　一般に、従来の金融機関のローン推進手法を考えると、案件を獲得するまでは多大なパワーをかけている一方で、契約後は、延滞等がない限りほとんどタッチしないことが多くなります。アパートローン推進に関しても同様で、アパートローン実行後の管理はあまり行われていないのが実態ではないでしょうか。

　本来、アパートローンのリスク管理を考える場合にいちばん重要なことは、融資を審査する際に検証している収支計画どおりに運用されているか否かを確認することです。収支計画の収入を考える場合、入居率はどれくらいになるのか、入居者当りの賃料はどれくらいになるのかが基本となり、物件の維持費用としてどれくらいのコストがかかるのか、結果として純収益はどれくらいになるか、定期的に確認する必要があります。

　不動産収入がある純個人の場合、不動産所得に対する確定申告を行う必要がありますが、申告書のなかには、入居状況と収入内訳、経費内訳が記載されており、年に一度は確認できる情報です。本来であれば、営業担当者が1年ごとに借主を訪問し申告書の内容を確認すると同時に、対象となっている不動産物件の入居状況を把握しておく必要があります。つまり、収入の糧である入居者の動態管理を徹底することが必要なのです。

図表8-3 アパートローン動態変化先選定事例…Sample

Event Rule No.	CD	22	Rule要因	不動産賃貸向貸出先状況確認〜モニタリング

ビジネスシナリオ	融資系商品利用先で、取引振りに問題が発生した先に対する、事前モニタリング強化によりリスク管理面の強化を行う。 →不動産賃貸向け融資がある先の動態が変化した先

対象先	個人（ヤング）		セグメント	維持先	○	ビジネス目的	取引メイン化		Rule分類	短期提案	A
	個人（ミドル）			守勢先			リテンション			長期提案	B
	個人（オールド）	○		推進先			脱落防止			推進モニタリング	C
	個人事業主	○		厳選先			収益向上			予防モニタリング	D
	富裕層個人	○		新規先			リスク管理	○		管理モニタリング	E

Rule基準	Event Rule（ロジック）
・不動産賃貸物件を担保とした融資取引（アパートローン）有先 　＊融資残高＞0 ・融資実行後3年以上経過 ・賃貸収入入金口座保有先	賃貸収入預金口座の6カ月平残 ・（当期流動性平残－前期流動性平残）÷前期流動性平残×100 ・上記数値が2期連続10%以上変化（減少） ・債務者区分＝正常先で2期連続不動産収入が減少

推進商品	・事業法人（個人）＝定例訪問強化による動向把握	データ項目	・流動性平残（前期、当期） ・債務者区分 ・不動産収入			
ビジネスステップ	ファーストセールス（商品サービス告知）	DM	セカンドセールス（商品概要説明）	コールセンター	サードセールス（具体的提案活動）	営業店	【条件対象先数】
運用サイクル	毎月			有効期間	エンドレス		

（出所）　筆者作成。

また、普通預金口座に家賃が振り込まれてくる場合、その変化をみる必要があります。口座動向の変化から、デフォルトする確率が高いかどうかを判断することができます（図表8－3）。

　入居者の家賃振込指定口座への入金が1年前と比較して減少している場合、収支計画との乖離状況等も考慮しながら、融資金の約定返済が厳しいと判断される場合は、最新の状況を確認し、稼働率の悪化が続き減収となる要素がある場合は、入居者あっせんや不動産仲介業者の紹介により入居者を探し出す等、収支改善の方策を金融機関側から積極的にアプローチすることも検討していく必要があります。また、金融円滑化法による利用者救済措置では、アパートローン利用者の方々への対応も考える必要があります。今後の入居率状況や賃料相場がどのように変化するか、変化への対応策を立案することができるか否か、収支条件を見直しシミュレーションすることで返済の可能性を見極める対応が必要となります。

6 アパートローン利用者向け営業モデル

　以上のように、営業担当者により収集された情報や金融機関内部に蓄積されている情報を活用し、リスク顕在化のあるお客さまを見つけ出すことが可能となります。それをふまえ、対象となったお客さまに対して金融機関としてどのような営業活動を展開するかを考える必要があります。また、安定的な収益を維持期待できる優良なお客さまに関しては、他金融機関の攻勢により肩代わりされることも想定されますので、きめ細やかなお客さま管理が必要になります。

　住宅ローンと同様に、安全で収益性の高い資産構造へ変革するためには安易な金利引下げ交渉を行うのではなく顧客指向の営業展開を考えることが重要です。つまり、適正な時価額判定（＝不動産評価）をできるような「収入」に重点を置いたサービスを提供すると同時に保険関連商品（火災保険や地震保険、家賃保障、入居者傷害保険等）を毎年定期的にクロスセルする環境を整えることです。また、優良な入居者を確保するために、入居者向けの各種サービスを提供することも考えていく必要があります。入居者との関係を築くことで、当該入居者が将来的に自宅を購入するライフステージに達した時点で、「住宅ローン」の販促対象者にもなります。単に不動産賃貸物件向けのローンだけを販売するのではなく、収入を安定化させることで

図表 8 − 4　優良資産家向け総合サービスによる囲い込み戦略像

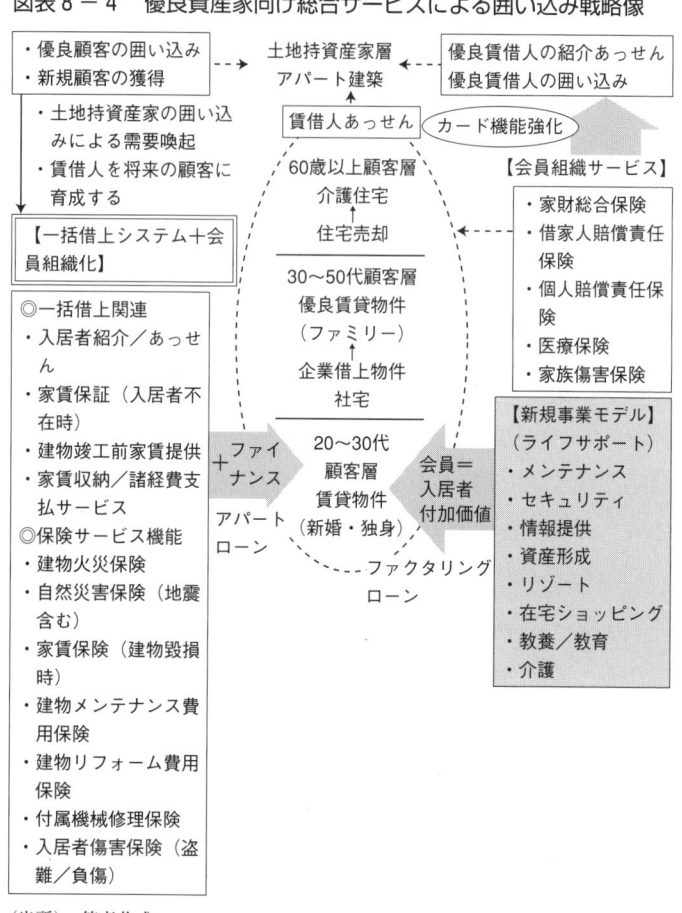

- 優良顧客の囲い込み
- 新規顧客の獲得

　↓
- 土地持資産家の囲い込みによる需要喚起
- 賃借人を将来の顧客に育成する

【一括借上システム＋会員組織化】

◎一括借上関連
- 入居者紹介／あっせん
- 家賃保証（入居者不在時）
- 建物竣工前家賃提供
- 家賃収納／諸経費支払サービス

◎保険サービス機能
- 建物火災保険
- 自然災害保険（地震含む）
- 家賃保険（建物毀損時）
- 建物メンテナンス費用保険
- 建物リフォーム費用保険
- 付属機械修理保険
- 入居者傷害保険（盗難／負傷）

土地持資産家層
アパート建築
　↓
賃借人あっせん　カード機能強化
　↓
60歳以上顧客層
介護住宅
　↓
住宅売却
　↓
30〜50代顧客層
優良賃貸物件
（ファミリー）
　↓
企業借上物件
社宅
　↓
20〜30代顧客層
賃貸物件
（新婚・独身）

＋ファイナンス　アパートローン
会員＝入居者付加価値
ファクタリングローン

優良賃借人の紹介あっせん
優良賃借人の囲い込み

【会員組織サービス】
- 家財総合保険
- 借家人賠償責任保険
- 個人賠償責任保険
- 医療保険
- 家族傷害保険

【新規事業モデル】
（ライフサポート）
- メンテナンス
- セキュリティ
- 情報提供
- 資産形成
- リゾート
- 在宅ショッピング
- 教養／教育
- 介護

（出所）　筆者作成。

リスクを制御する仕組みを考え、賃借人という新規の顧客開拓を実現する方法論を考えることが必要なのです（図表 8 − 4）。

　つまり、お客さまと定期的なつながりをもち、かつ最新の情

報を入手し、途上与信の判断に活用する仕組みをつくることが必要になっているのです。

第 9 章 住宅資産の新たな活用モデル

少子高齢化が進み、住宅市場は成熟段階に入っています。住宅販売戸数は1997年をピークに減少を続けていますが、構造的にみると、都市部への人口集中により、新設住宅市場は都市部に集中する一方で、地方における住宅市場は減少傾向にあります。

　住宅取得者層の中心である30歳代から40歳代前半の人口が減少することで、今後はさらに新規の住宅販売戸数が減少するといわれていますが、一方で、高齢者層の増加により新設住宅取得から既存住宅の建替え等の需要は見込まれています。しかし、若年世帯の都市部の進出による核家族化が進むことで、地方における市町村の高齢化世帯の持ち家をだれが相続するのかという問題も今後は解決しなければならない状況になるでしょう。

　一方、高齢化による社会保障費の増大によりわが国の財政も厳しさを増すばかりで、老後の年金が安定的に支給されるかどうかを疑問視する見方も出てきており、老後の生活に不安をもつ人もふえています。解決策の1つとして保有する資産をどのように活用すべきか考える時期にきているといえるでしょう。

　資産価値が高騰していたバブル期の不動産活用とは意味合いが違いますが、現在の不動産を効果的に活用し、老後の生活資金に充当する「リバースモーゲージ」について再検証してみたいと思います。あわせて、ライフスタイルの変化により、長期的観点から1つの住宅を保有するという考え方から、ライフステージごとに住宅を住み替えるというニーズも高まってきてお

り、資産価値を活用した新たな住宅取得モデルについても考察したいと思います。

1 リバースモーゲージ

　リバースモーゲージとは直訳の逆抵当担保という言葉からもわかると思いますが、一般的には現時点の住宅の価値を活用し、生活上不足する資金の借入れを行うものです。最終的には資産を処分することで借入金と期間中の利息を返済する融資方式ですが、一般的な処理スキームは、図表9－1のとおりとなります。

　自宅不動産を保有する高齢者の方が、老後の生活の質を充実させるために、不動産の評価価値の範囲内で生活資金や住宅リフォーム等の資金として利用するものですが、現在、リバースモーゲージを扱っているのは公的機関と複数の民間金融機関があります。

　公的機関や民間の金融機関が提供するリバースモーゲージの共通点をまとめると以下のとおりです。

・高齢者が対象となる（55歳以上という例もあるが大半は60～65歳以上）
・土地付一戸建ての自宅を保有している（配偶者との共同名義の場合は連帯して借主となる）
・契約者が生前の間は元金の返済が猶予される（利息も組み込むケースもある）
・契約者が死亡した時点で契約終了となり、物件処分により買

図表9−1　リバースモーゲージの一般的処理スキーム

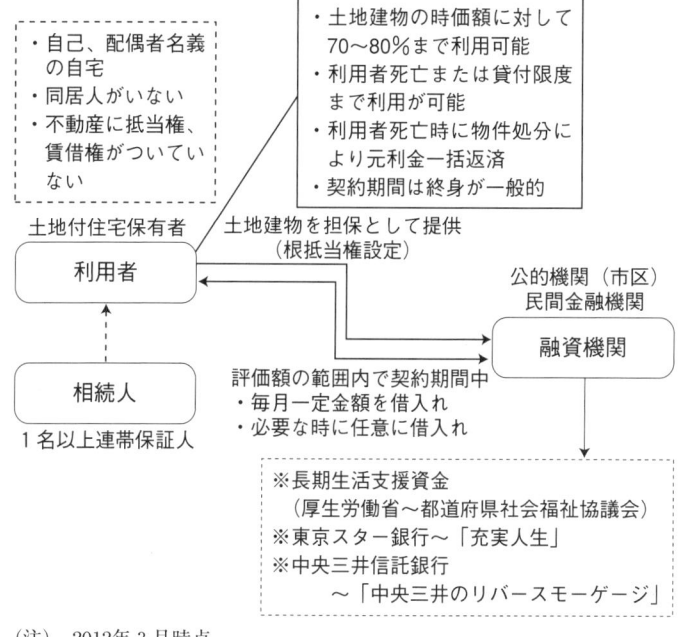

- 自己、配偶者名義の自宅
- 同居人がいない
- 不動産に抵当権、賃借権がついていない

- 土地建物の時価額に対して70〜80％まで利用可能
- 利用者死亡または貸付限度まで利用が可能
- 利用者死亡時に物件処分により元利金一括返済
- 契約期間は終身が一般的

土地付住宅保有者

利用者 ← 土地建物を担保として提供（根抵当権設定） → 融資機関

公的機関（市区）
民間金融機関

相続人
1名以上連帯保証人

評価額の範囲内で契約期間中
- 毎月一定金額を借入れ
- 必要な時に任意に借入れ

※長期生活支援資金
（厚生労働省〜都道府県社会福祉協議会）
※東京スター銀行〜「充実人生」
※中央三井信託銀行
　〜「中央三井のリバースモーゲージ」

（注）　2012年3月時点。
（出所）　筆者作成。

　入金を一括して返済する

・買入可能金額は物件評価額の70〜80％までとなり、根抵当権を設定する（公的機関の場合は、物件により返済するという代物弁済＝所有権移転の仮登記をするケースもある）

・配偶者以外の同居人は認めない

・契約期間中は、担保物件となっている住宅に住み続けることができる

・資金使途の制限はあまりないが、基本的には生活資金としての利用が主体で自宅の増改築等の利用も可能
・借入れの方法は、担保となる自宅の評価額で定められた上限額まで一定の期間、定額で年金のように借りるケース、契約時に一括して借りるケース、上限を極度額として設定し、範囲内で自由に借り入れるケースがある
・利息の支払に関しては、契約期間中、借入金に組み込む方法と、利息のみ定期的に支払う方法がある

　以上のとおり、基本的には、老後の生活に余裕をもち安心して生活するために、不動産の価値を長期的に活用することが前提となっている融資手法です。手元に現預金がなくても自宅を手放す＝売却することなく必要資金を手に入れることができ、同時に、借入れではあるものの、返済期日を気にする必要がないというメリットが考えられます。

　今日では、土地などの不動産の資産価値は減少する可能性が高いため、想定していた金額を借りることができないケース（＝担保割れリスク）が発生したり、利息を元金に組み入れる場合は、利息に利息がつくこととなり、かつ金利が上昇すると負担が大きくなる（＝金利上昇リスク）ケースがあります。また、契約期間は契約者が死亡するまでとするケース（＝長生きリスク）が大半ですが、長生きすることで期間中の利息負担が膨大になる可能性も秘めています。

　リバースモーゲージの利用は、老後の生活資金に余裕のない世帯が対象となるケースが大半ですが、一方では、老後の生活

を充実させるため、万が一の備えのために活用するケースもあります。しかし、契約者が死亡した後の相続の対応については、慎重に確認しておく必要があります。バブル期にみられた不動産担保融資は、ある意味、不動産の価値を活用し、資金化し、運用することでさらなる資産価値の向上を目指すというモデルでしたが、不動産価格の下落による資産価値の目減りにより、仕組みそのものが崩壊したものです。リバースモーゲージは当該不動産価格の下落リスクをある程度考慮しながら活用するスキームではありますが、契約者が亡くなった後の相続人への財産の移行の際にさまざまなトラブルを招く可能性もあるため、契約時点では、配偶者以外の相続人は同居していないという利用条件を設けていることが一般的です。信託銀行が扱うリバースモーゲージは、「遺言信託」をセットにした商品設計をしています。

　諸外国と比べると、不動産の中古市場が発展していないわが国において、不動産処分を前提としたリバースモーゲージの普及には否定的な見方をする意見もありますが、高齢化社会を迎え、年金や医療も含めた社会保障制度の破綻がささやかれる昨今、老後の生活を維持するためには現金や金融資産以外の活用も考えていく必要があると思います。また、高齢者の自宅保有率が9割を超えている現状を考えれば、当該資産価値の効果的活用モデルとして、「リバースモーゲージ」を利用することは今後考えられる1つの手法であると思います。

(1) 相続対策としての例

　資産を子孫に残すという点については、ライフスタイルの変化により以前に比べれば積極的に考える方々も減ってきてはいますが、相続という点から「リバースモーゲージ」を考えることもできるでしょう。

　核家族化が進むなか、親も子どももともに自宅を保有しているケースも多いと思います。そのような場合、相続の際に、現金や金融資産と比較した場合、親から受け継いだ不動産をどう扱うか今後、問題になるケースがふえてくるものと想定されます。つまり、不動産を処分して現金化した場合、その段階で資産価値がどの程度になるか、場合によって建物を取り壊す費用が発生することもあるでしょう。

　このような場合、老後の生活資金として蓄えてきた現金や金融資産は極力減らすことなく、日常の生活費金を、「自宅」の価値を効果的に活用しながら捻出していくことで、子孫には相続しやすい「現金や金融資産」として残すという方法も考えられます。

　また、負債が残るため、場合によっては全体の相続財産の評価額軽減につながることも考えられると思います。

(2) 安全な老後を過ごすための例

　老後を考えた場合、最終的な面倒をだれにみてもらうのか、その方法によって必要とする費用はまったく異なります。子ど

もは独立していてなんらかの事情によって老後は自前で考えなければならないという方であれば、自宅という資産を効果的に有効活用する方法も考えられます。対象とする物件の立地や構造にもよりますが、施設が充実している介護施設に入居する費用としてリバースモーゲージを活用して一時金を捻出し、対象とする不動産は第三者への賃貸（〜賃借権を認める必要性はある）により、金利や生活費を補てんする費用を捻出することも考えられると思います。

　地方においては、高齢者単身世帯や高齢者夫婦世帯が多くなる傾向にありますが、老後をだれが面倒をみるのかは大きな社会問題にもなりつつあります。こうした問題を解決する手段として、地域全体において対象となる不動産を効果的に活用するトータル的なサービスモデルとして、資金調達手段にリバースモーゲージの利点を活用することも検討すべき時期にきているのではないでしょうか。

2 不動産価値を活用した新たなファイナンスモデル

　わが国の住宅ローンに関しては、欧米と異なる側面をもっています。いちばん大きな点は「リコースローン」といわれるもので、借主が何かの事情で融資金を返済できなくなった際に、担保となっている不動産の処分を行ったとしても、処分価格が融資金額に満たなかった場合、借主に残金の支払義務が残ってしまう問題です。

　また、今日一般的となっている保証会社を利用した住宅ローンについても、借主が返済できなくなった場合、金融機関に対しては保証会社がかわりに融資金を全額返済しますが、借主と保証会社との間には債権債務関係が残り、保証会社に対して返済義務が発生します。仮に、保証委託契約に基づき担保権を設定していた自宅を処分しても、保証会社に負っている負債を全額返済できない場合、残額については借主がなんらかの方法で返済しなければなりません。つまり、リコースローンと同等の扱いになります。

　一方、アメリカなどでは、万が一、借入金の返済ができなくなり担保不動産を売却することで返済した際に、その金額が融資残金に満たなくても残った残金に返済義務は生じず、他の資産に責任はいっさい及ばないという「ノンリコースローン」という考え方があります。

現在、日本国内では、証券化等の手法を活用した大型の賃貸不動産向け案件に対して、当該ノンリコース型の融資を取り扱うケースはありますが、個人向け住宅ローンに対して当該仕組みを利用した事例はまだありません。しかし、個人のライフスタイルの変化を考えた場合、不動産価値を前提としたファイナンスモデルも検討できるのではないでしょうか。

　以下、中長期的な資産として「住宅」保有を目的にするのではなく、ライフステージ別にライフスタイルを重視して「住宅を住み替える」という方を対象とした、ノンリコース型の住宅ローンモデルを考えてみたいと思います。

　前提となるモデルは、5年をメドに住替えを前提に物件を購入、賃貸と同等レベルの費用負担で物件を不動産として保有し、5年後に市場で対象とする物件を処分するが、売却額と融資残高には関係なく、物件処分により残金は完済されるというものです（図表9－2）。

　対象とする不動産の5年後の想定される市場売却価格を前提に、物件の購入価格と市場売却想定価格の差額分を期間5年間の約定返済型ローンとし、残額は期日一括返済ローンとするスキームです。5年間の約定返済分ローンについては変動金利、5年期日一括部分については固定金利を適用することとしますが、金融機関の主要調達商品の期間を考えれば商品としての金利リスク軽減は相当程度可能となります。

　対象とする不動産については5年後に実勢時価額で不動産管理会社が現物を買い取ることを前提としますが、市場時価が想

図表9－2　ノンリコース型住宅ローンモデルの処理スキーム

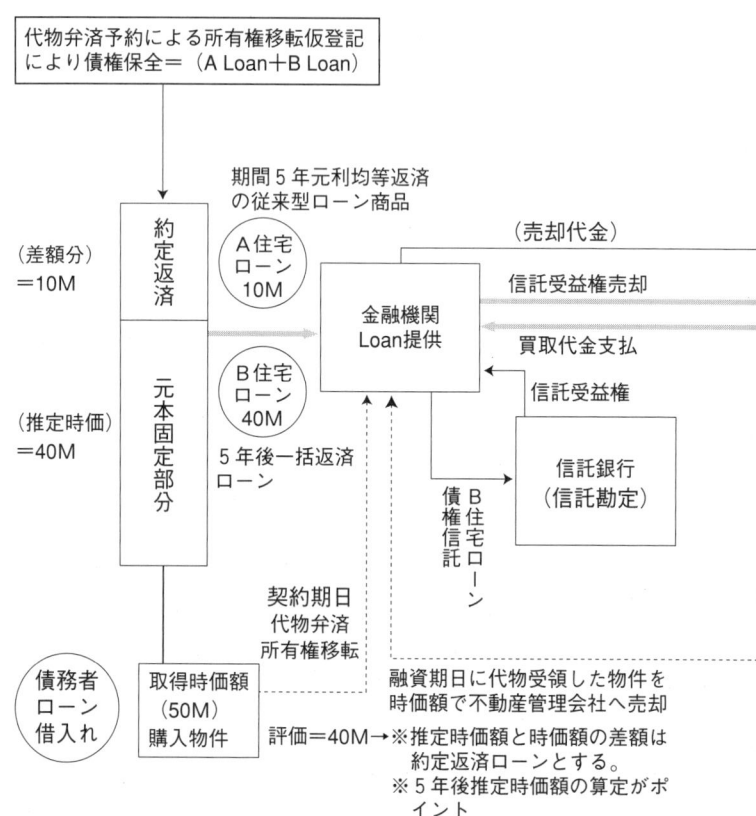

代物弁済予約による所有権移転仮登記
により債権保全＝（A Loan＋B Loan）

約定返済
　期間5年元利均等返済
　の従来型ローン商品
　A住宅ローン 10M

元本固定部分
　B住宅ローン 40M
　5年後一括返済ローン

（差額分）＝10M
（推定時価）＝40M

金融機関 Loan提供

（売却代金）
信託受益権売却
買取代金支払
信託受益権
B住宅ローン債権信託

信託銀行（信託勘定）

債務者ローン借入れ

取得時価額（50M）購入物件

契約期日代物弁済所有権移転

評価＝40M→※推定時価額と時価額の差額は約定返済ローンとする。
※5年後推定時価額の算定がポイント

融資期日に代物受領した物件を時価額で不動産管理会社へ売却

(出所)　筆者作成。

- 5年後推定時価額をベースに証券化スキームの期日一括返済型ローンを提供する
- 期間5年後に物件売却希望者に対しては代物弁済により元金を回収する
- 代物受領した物件に関しては、再度不動産処分信託スキームによる証券化を実現
- 期日に物件を時価で売却し売却益が発生した場合は借主に50%還元
- 既存の物件に継続的に居住を希望される方には既存住宅ローンへ乗換え

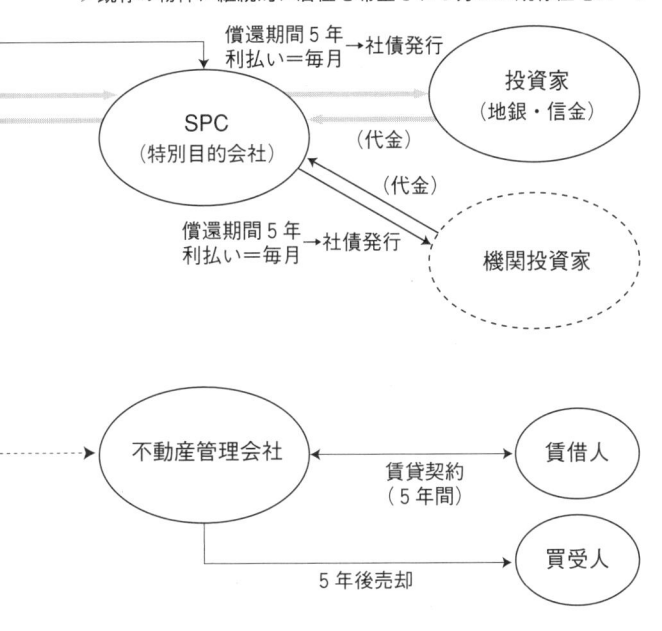

図表9-3 ノンリコース型住宅ローンモデル商品設計概要

※自己資金ゼロ・保証人不要・融資期間経過後の融資残金は対象物件を代物弁済することにより返済
※残金が残ったとしても返済する必要はないが、物件を二次マーケットで処分し余剰が発生した場合50％は還元

売却価格＞固定部分⇒売却益還元

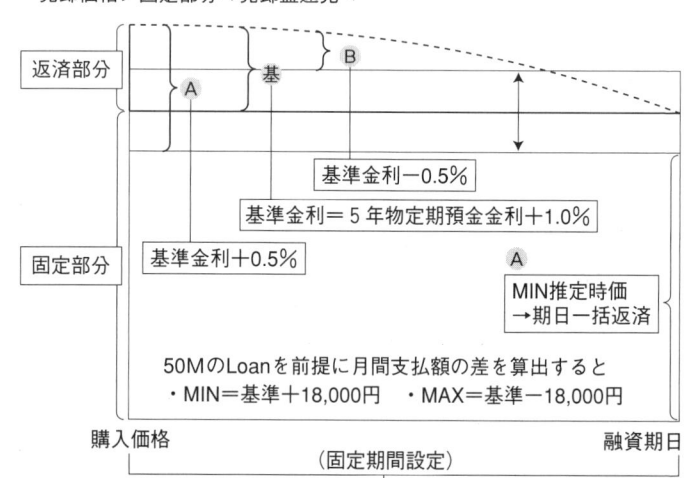

```
返済部分           基  B
                A

                       基準金利－0.5％
                  基準金利＝5年物定期預金金利＋1.0％
         基準金利＋0.5％
固定部分                              A
                                MIN推定時価
                                →期日一括返済

     50MのLoanを前提に月間支払額の差を算出すると
      ・MIN＝基準＋18,000円  ・MAX＝基準－18,000円

購入価格                                融資期日
         （固定期間設定）
```

- ▶返済部分は変動金利型元利均等返済融資＝「購入時価額から融資期日の推定時価を差し引いた額」とする
- ▶固定期間設定の融資金額は融資期日の推定時価額「最低」「平均」「最大」の3種類を基準に最終判定する
- ▶返済部分の適用金利は推定時価額の「最低」「平均」「最大」ごとにプレミアム幅を0.5％ごとで設定（基準金利＝5年約定定期預金金利＋1.0％）
- ▶固定部分の適用金利は期日推定時価額「最低」「平均」「最大」ごとにプレミアム幅を0.5％ごとで設定
  （最低＝＋0.5％／平均＝基準金利（国債金利＋0.5）／最大＝－0.5％）
- ▶物件価値（地域・構造・品質）により固定期間の延長を決定（〜同種ローンの継続利用の可否）

(出所) 筆者作成。

※期日に融資対象物件の所有継続を望む場合〜同種ローンまたは通常ローンへの借換えにより対処

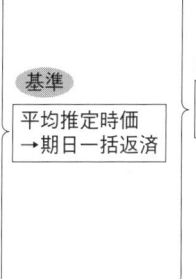

基準
平均推定時価
→期日一括返済

B
MAX推定時価
→期日一括返済

【他融資条件】

▶ 融資期間中の元利金支払に関するリスク判定に関しては、借主の年間収入に対する返済元利金比率（DTI）を基準に設定
・収入5M未満＝30％
・収入5M以上＝40％
通常融資より優遇
〜5年以内のデフォルト確率は非常に小さい
▶ 保全については、融資金額を前提とした仮登記担保を設定
▶ 保証人は不要
▶ 借主は、収入のある成人とし、居住者・非居住者は問わない

図表9－4　ノンリコース型住宅ローンモデルのリスク判断

環境特殊要因（＝物価上昇／当該地域都市化度／物件品質／物件管理状況等）により将来価値予測値が基準値より低くなる可能性が高い物件＝Aか基準値より高くなる可能性が高い物件＝Bにより価格下落リスクまたは上昇プレミアムを想定し、融資適用金利に差を設ける。

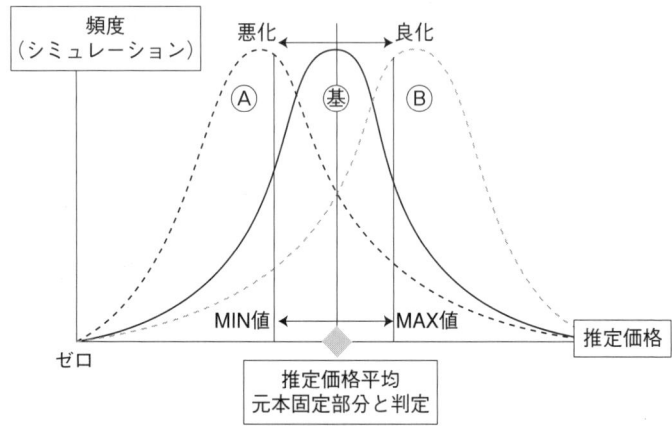

頻度（シミュレーション）／悪化／良化／Ⓐ／基／Ⓑ／MIN値／MAX値／ゼロ／推定価格／推定価格平均　元本固定部分と判定

※モデル構築の際に算定される推定価格（シミュレーション結果）の複数の平均値を期間経過後の推計処分価格と判定

【期日時点の物件評価額】

▶期日により物件を処分する際時価額が「B」となった場合売却価格と融資金回収額との差額はキャピタルゲインとし当該金額の50％を借主へ還元（＝不動産売却益）し、差額については、取扱手数料として金融機関の収益

▶物件価値が減価「A」の場合のロス額については金利プレミアムではカバーできないため当該リスク部分に保険を付保することでリスクヘッジすることも考えられる

（出所）　筆者作成。

定していた時価額を上回っていれば売却益の一部を借主に還元することも考えます。逆に市場時価が想定価格を下回る場合も想定されますが、ノンリコースローンとして扱うことで、差額

分の支払はないものとします。

金融機関が当該スキームで商品化を考える場合、まず問題となるのが「不動産価格下落による損失負担」部分です。特に、日本の場合は中古住宅市場があまり普及していないことから、当該リスクをどのように考えるかがポイントとなります。

対象とする不動産の5年後の市場価格を推計することができれば、当該推計価格の最大値、最小値、中央値を利用し、金利プレミアム（0.5％）によってある程度をカバーすることができます（図表9－3、図表9－4）。

ただし、本件スキームの対象となる不動産に関しては、都市部等で市場価値のある物件が前提となります。不動産開発会社や不動産販売会社が提供する不動産であり、かつ、二次マーケットを形成している場合には効果的に活用できるものと考えられます。また、対象とする商品を複数（500先、金額的に100億～150億円程度）まとめることで証券化スキームを活用し、全体として不動産下落リスクを軽減する方法も考えられます。

借主が約定どおり返済できるか否かという「債務不履行＝デフォルト」するリスクに関しては、一般的な住宅ローンの利用状態の分析結果からみると5年以内に発生する確率は非常に低いことから、信用リスクについても、あまり考える必要はないものと思われます。

また、保全措置の考え方ですが、一般的には不動産に対して「抵当権」を設定するケースがほとんどですが、本件商品の基本コンセプトは「物件を売却すること」を前提としているた

め、「代物弁済予約による所有権移転仮登記」により保全を図ることとします。

一方、利用者側からすると、最終的には物件処分により借入金を返済することが前提となりますが、自己資金が必要なく、物件の市場実勢価格の推移によっては物件処分によってキャピタルゲインを得ることも可能であり、ライフスタイルに沿った住宅の利用を考えることができます。また、定期的な収入がある方であれば、国外の方＝非居住者の方も日本に滞在する期間中だけ利用することは可能でしょう。

物件価格が50百万円の住宅を頭金なしで全額を住宅ローンを利用して購入するケースで、従来型の固定金利型住宅ローンと本件スキームによる比較をしてみると以下のとおりとなります。

「従来型固定金利住宅ローン／期間：20年、金利：3％」
・毎月の元利金返済額＝277,299円　年間元利金返済額＝3,327,588円
・年間の返済額に対する収入の比率を30％とすると必要年収＝11百万円以上

「本件スキーム〜5年後の推定処分価格＝40百万円と想定」
※10百万円分のローン＝期間：5年、金利：1％
　⇒毎月の元利金返済額＝170,937円　年間元利金返済額＝2,051,244円
※40百万円分のローン＝期間：5年、金利：2.5％
　⇒毎月の金利支払額＝83,333円　年間支払金利＝999,996円

- 毎月の元利金返済合計額＝254,271円　年間元利金返済合計額＝3,051,250円
- 年間の返済額に対する収入の比率を30％とすると必要年収＝10百万円以上

　仮に、5年目に期日が到来し、当該物件を中長期的に保有することを選択した場合、期日一括返済分の元本を当該実勢の金利による通常型の住宅ローンに組み直すことが考えられますが、物件により代物弁済した後に、当該物件を市場の実勢価格で買い取ることを可能とするオプションを設定し、物件価格が上昇している場合は売却して利益を受け取る（50％）、下落している場合は実勢価格で購入することができる（＝下落した分ローンとする金額が減少する）という契約をオプション手数料として申し受ける仕組みを考えれば、利用者にとっては市場価格がどちらに変化しても、メリットを受けることが可能となります。

　また、物件の価値に対して融資することを前提とした商品でもあり、保証会社の利用を想定しないとした場合、現在の住宅ローンでは利用が一般的となっている「保証料」部分を当該オプション料として申し受けることで、物件価格の下落リスク相当分として金融機関側もフィーを受領し、かつリスクヘッジも考えることが可能です。

　本件スキームに関しては、全国的に利用できるモデルではありませんが、不動産価格の将来価値をある程度推計できる仕組みを構築できる市場環境にある物件であれば、さまざまな応用

も考えることは可能であると思われます。たとえば、地方に住んでいる高齢者世帯は、医療や福祉面を考えた場合、老後は施設等が充実している都市部で生活したいというニーズも今後高まる可能性が考えられますが、その際、本件スキームにより不動産価値を活用しながら5年おきに見直しながら利用することも考えられるでしょう。

　また、金融機関にとっても、今後住宅市場が成熟するなかで、新たな顧客層を開拓するには、現在考えられている住宅ローンスキームだけではなく、資産価値を有効に活用したモデルについても検討する時期にきているのではないでしょうか。

第10章 住宅ローン利用者支援の方法論

これまでみてきたように金融機関における住宅ローン融資は急速に拡大を続けていますが、金融機関間の過当競争により、安易な審査（＝物件価格全額を融資するケースや物件価格を超えるケース、年収が少ない利用者に対する融資）が増加し、債務過多となっている利用者が比較的多くなっていると思われます。

　一方で、超低金利という環境もありますが、金利競争により期間の一部固定あるいは変動型の低金利の商品を大量に導入していることから、金利が上昇した場合、現在の収入状況では返済が困難となる債務者が急増する可能性も否定できません。

　また、昨今の経済環境により雇用情勢が混とんとしている状況下、給与所得の伸びが期待できないだけでなく、給与所得が減少するケースも珍しくはない状況が続いており、現在の契約のままでは住宅ローンを返済できない債務者が多数発生する事態が現実に起きています。さらに、火災等による焼失ではなく、東日本大震災のような地震や津波などの震災により自宅そのものを喪失しても多額の住宅ローンのみが残ってしまうケースなど、住宅ローン利用者を救済する方法論を真剣に考える時期がきています。

　政府等による支援策＝金融円滑化法により、返済が厳しい場合には金融機関側が条件変更等により債務者を支援することも行われていますが、利用者支援の方法論として「個人民事再生手続」や「個人債務者の私的整理に関するガイドライン」の内容についても、概略をまとめるとともに、新たな個人版再生スキームについて考えることとします。

1 金融円滑化法への対応

　リーマンショック後、低迷する日本経済への対応策として中小企業および個人の住宅ローン利用者について、返済が困難な先に対しては金融機関が積極的に条件緩和による支援を実施するよう、法的措置を実施していますが、当該法律については2013年3月まで期限が延長され、引き続き法的措置として実施されています。

　しかし、住宅ローン利用者における、本件制度の利用状況に関しては、2011年9月末時点で、全国金融機関（主要行・地域銀行・他銀行・信用金庫・信用組合・労働金庫等）1,529機関の申込件数は218,377件（3.3兆円）、実行されたのは170,665件（2.6兆円）となっており、当初の想定よりも利用者は多くないといわれています。

　金融庁から示されている金融機関の対応に関しては、借主の収支状態、今後の収入状態等を確認のうえ条件変更に応じるか否か検討するように努力義務が課せられています。金融機関側としても、画一的、一律的な対応ではなく、借主の実勢をふまえたうえで対応することが求められていますので、本来であれば、住宅ローン利用者から条件変更の申出を受けた場合、まず、第一にローン審査を行った時点の収支実態がどうだったのかを確認することが必要でしょう。そのうえで、現在の収支が

図表10−1　収支実態確認票のサンプル

●当初借入申込時点の内容を確認する ⟶

【資金計画】

必要となる資金			必要資金	資金計画	
住宅取得費用	住宅建築資金 土地購入資金 解体工事費用（建替え時） 保証金・権利金（借地）			借入金 自己資金	
	小計(A)			小計(a)	
住宅取得時諸経費	税金登記費用	印紙税 不動産取得税 登録免許税 登記費用			
	ローン諸費用	印紙代 登録免許税 登記費用 融資手数料 保証料 火災保険料 地震保険料			
	その他	引越費用 地鎮祭・上棟式等 水道加入料 仲介手数料 修繕積立金（マンション）			
	小計(B)			小計(b)	
合計(A)＋(B)				借入金	
				自己資金	

【返済計画】

支出			収入	
毎月返済	ローン毎月返済 地代（借地） 維持管理費（マンション） 修繕積立金（マンション） 駐車場代（マンション） 他借入返済 固定資産税（１カ月分） 毎月生活費 税金他		本人収入（税込） 配偶者収入（税込） 同居者収入（税込）	
合計(C)			合計(E)	
			余裕資金 C − E	
ボーナス返済	ローンボーナス返済 他ボーナス返済 その他支出		本人収入（税込） 配偶者収入（税込） 同居者収入（税込）	
合計(D)			合計(F)	
			余裕資金 D − E	

（出所）　筆者作成。

●現在、今後の家計収支の実態を確認する

(単位：千円)

区分	項目	金額	内容
世帯主収入	月額給与（手取り）		（年金受給者＝月額手取額）
	年間賞与（手取り）		
	年間給与収入（手取り）	0	単位：千円（月額給与×12＋年間賞与）
	給与支給日		DD
	年間税込年収	0	最新年度
配偶者収入	月額給与（手取り）		（年金受給者＝月額手取額）
	年間賞与（手取り）		
	年間給与収入（手取り）	0	単位：千円（月額給与×12＋年間賞与）
	給与支給日		DD
	年間税込年収	0	最新年度
その他収入	月額収入（手取り）		無
	年間収入（手取り）	0	単位：千円（月額収入×12）
	年間税込収入	0	最新年度
世帯支出 1	月間生活費		単位：千円
	月間光熱費		〃
	月間交際費		〃
	月間娯楽・レジャー費		〃
	月間支出合計額	0	〃 （以上合計額）
	年間支出	0	単位：千円（月額支出×12）
世帯支出 2	月間教育費		〃 （教育ローン月平均返済＋月謝他）
	月間保険料		〃 （生命保険・共済保険・簡易保険等）
	月間住宅関連費用	0	〃 （家賃or住宅ローン返済…月平均）
	月間車関連費用		〃 （車ローン月平均返済＋ガソリン他）
	月間支出合計額	0	〃 （以上合計額）
	年間支出	0	単位：千円（月額支出×12）
家計収入	年間家計税込収入合計	0	単位：千円
	うち給与収入	0	〃
	うちその他収入	0	〃
	年間手取家計収入合計	0	〃
	うち本人年間収入	0	〃
	うち配偶者年間収入	0	〃
	うちその他収入	0	〃
家計支出	年間世帯支出	0	単位：千円
	うち世帯支出.1	0	〃
	うち世帯支出.2	0	〃
	損害保険料		〃 （火災保険・車両保険等年払い）
	税金等		〃 （車両税・住民税・所得税・事業税・健康保険）
	その他支出額		〃 （不動産・事業関連）
	年間家計支出合計	0	〃 （不動産・事業関連）
年間資金収支		0	

どうなっているか、給与等の収入が減って返済できない状態か否か、今後の収入の見込みも含めどのくらいの返済余力があるかを見極めることが必要となります。金融機関においては、すべての窓口において均質な対応をとることが求められますから、借主の方との話合いを行ううえで必要となる情報を確認する意味でも図表10－1のような、収支実態確認票等を活用して対策を考えることが望ましいと思われます。

　金融機関側の条件変更への対応方法としては、返済額の負担を軽減させるために、「融資期間を延長する」「金利を引き下げる」「元金返済の一部を最終期限にしわ寄せする」という手段が考えられますが、契約最終年齢が80歳を超えたり、元金を据え置く額が全体の50％を超える等の条件でなければ返済できないというようなケースの場合は、無理に条件変更に応じるのではなく、個人版民事再生の手続を進める等、お客さまの実態にあった対応をすることも必要となります。また、現在の金融機関側の窓口体制では、より親身な対応を行うことはむずかしいともいわれますので、返済できるかできないかの判断を統一するための収支実態確認票等の情報シートの活用は必須と考えられ、効果的だと思われます。

2 個人版民事再生手続

　個人版民事再生手続とは、2001年4月からスタートした新しい個人債務者の救済制度です。従来、個人で多重債務を抱えた方が債務を整理する方法としては任意の債務整理、自己破産しかありませんでした。このため、一般的には債務を全額免除される自己破産を申請するケースが多かったのですが、自己破産の場合は原則として保有している自宅など財産をすべて処分しなければなりませんし、職業資格によっては職業に就くうえで制限を受けるなど、申立て後の生活に多大な影響が生じることがあり、最後の手段として利用されていました。

　しかし、返済すべき最低の債務を3年間（特別の事情がある場合には5年を超えない範囲で延長がある）での返済が可能であれば、一定の要件のもと個人版民事再生を利用することで、保有している自宅にはそのまま住み続けながら、多額の債務を大幅に減額することが可能となりました。手続上「小規模個人再生」と「給料所得者等再生」の2種類があります。

(1)「小規模個人再生」と「給料所得者等再生」

　小規模個人再生とは、将来継続的に収入を得る見込みがある個人の方で、基本的に住宅ローンや担保権でカバーされている債務を除く債務総額が5,000万円未満の方が対象となります。

給料所得者等再生は、住宅ローンや担保権でカバーされている債務以外の債務総額が5,000万円未満の方のうち、定期的な給料をもらっているサラリーマン等が対象となります。給料所得者等再生では、後述する「最低弁済額」規制において可処分所得要件が設けられ、また、過去7年以内に破産免責許可決定や給料所得者等再生の計画認可決定等が確定していれば利用することができないなど、小規模個人再生よりも厳しい要件が設定されています。他方で、小規模個人再生と異なり、債権者による再生計画案の決議は行われません。

(2) 最低弁済額

個人版民事再生の自己破産との違いは、債務がすべて免除されるのではなく、基本的に住宅ローンや担保権でカバーされている債務を除く負債総額によって、最低限返済すべき額が定まっていることです。

おおまかに説明しますと、上記負債総額が100万円未満の場合は当該負債総額（債権カットはなし）、100万円～500万円未満の場合は100万円、500万円～1,500万円以下の場合は当該負債総額の5分の1、1,500万円超～3,000万円以下の場合は300万円、3,000万円超～5,000万円以下の場合は当該負債総額の10分の1となり、その額を原則として3年間で支払うことが必要になります。

ただし、給料所得者等再生には最低弁済額を決める際に上記以外に可処分所得要件があります。年収から最低生活費や税

金・社会保険料などを差し引いた額（＝可処分所得）の２年相当分を３年間で支払う計画とする必要があります。たとえば、住宅ローンや担保権でカバーされている債務以外の債務総額が300万円の方は、上記分類では最低弁済額が100万円となりますが、年収300万円で１年間の可処分所得が100万円とすると、２年分＝200万円が最低弁済額となるのです。つまり可処分所得が多ければ多いほど債務圧縮率は低くなります。

また、小規模個人再生と給料所得者等再生双方に関係する規制として、清算価値保障原則（破産の場合の弁済を上回る必要があるという原則）があります。

(3) 個人版民事再生のメリット・デメリット

メリットとしては、東京地裁の運用において申し立てて約１カ月後に予定される開始決定後からは借入先の業者等からの督促はなくなります（弁護士が債務整理に介入した場合には、介入時点で貸金業者からの債務者本人に対する督促は中止されます）。任意整理などの場合は、取引期間により債務の圧縮額に差が生じる場合がありますが、個人版再生手続では取引期間に関係なく、一定の債務の圧縮が期待できます。また、再生計画成立後、計画どおりの返済が困難になった場合でも再建計画の変更や、残りの債務を免除してもらう「ハードシップ免責」という救済措置があります。

最大のメリットは、自己破産では住宅を処分しなければなりませんが、個人再生では住宅を処分せずに手続が可能な点で

す。つまり、住宅ローンを支払中の方は、一定の条件（自己所有の居住用の物件に対する住宅ローンであり、銀行や保証会社が建物に抵当権を設定している等）を満たしている方であれば、住宅を手放すことなく個人版民事再生手続を行うことができることです。この場合、住宅ローンの返済の遅延状態や今後の返済プランに基づき、「期限の利益回復型」「弁済期間延長型」「元本返済猶予期間併用型」「同意型」という4つのなかから、債権者である銀行等と協議をするなどして「住宅資金特別条項」を定める必要があります。

デメリットとしては、破産といった他の整理方法よりも複雑で手続負担が少々重いことです（なお、東京地裁の標準スケジュールでは、申立てから認可決定まで6カ月程度です。また、東京地裁の場合、申立代理人に支払う費用以外に、個人再生委員の費用をまかなう必要があります）。また、個人版民事再生を行うことによって、信用情報機関に事故情報として登録されます。事故情報は約5年間登録され、その期間中は金融機関における借入れが困難となることも想定されますが、これは他の法的手続と同様の扱いです。

(4) ハードシップ免責制度

開始決定後債権者に返済を開始していても、債務者個人に帰責事由がない要因（＝勤務先の倒産等）により計画どおり返済ができなくなった場合、一定の条件（すでに4分の3以上返済している、債権者の一般の利益に反しない、計画の変更で対応する

ことが困難等）を満たしていれば、申立てにより残債務の返済が免除されます。ただし、ハードシップ免責の効果は、別除権者が有する担保権には影響を及ぼしません。

3 新たな個人債務者救済スキーム

　金融機関における債権管理という観点から考えた場合、返済に窮する住宅ローン利用者への対応に関しては、これまで、述べてきた救済措置だけでは対応しきれない場面が想定されます。特に、2006年から実施された自己資本比率規制（新BIS規制）においては、返済不能となった場合、返済期間の見直しや条件緩和により支払を継続することが可能な債務者も含め、延滞債権の早期処理（＝代位弁済や法的手続）を実施せざるをえない状況にあります。90日以上の延滞債権に関しては損失見込額について引当金の計上が義務づけられている（＝引当不足の場合はリスクアセット計算額が高まる）ことから、金融機関単体の決算内容を加味すれば早期に代位弁済や法的手続＝担保不動産の競売手続に移行する必要があります。

　金融円滑化法による条件緩和対応に関しては、当該規制への対応も考慮して支援を可能とする法的措置が定められたことから、懸念された動きにはなっていませんが、期限延長の最終年である2013年3月以降の対応に関しては、厳しさを増すものと想定されます。

　代位弁済や法的手続による処理の場合、個人信用情報機関への信用登録＝ブラック情報登録により債務者の社会的地位は低下すると同時に、自宅等財産を失う一方で、残債務の返済を強

いられることとなります。また、債権者である金融機関にとっては、市場価格より低い価格での物件処分により、結果として損失額が拡大する可能性も高くなります。

　また、金融機関の融資姿勢として、契約の獲得には積極的だが、返済が滞れば機械的な対応を行うという事例が多発すれば、債務者である一般個人の生活を脅かす可能性もあります。このため、返済期限を先延ばしすることが主体となる金融円滑化法対応とは異なる、なんらかの救済措置を考える必要があるのではないでしょうか。

　そこで、住宅資産の価値を効果的に活用した「個人版再チャレンジ支援」の考え方を以下にまとめます。全体スキームのイメージは図表10－2のとおりです。

　わが国では、「失敗すれば再チャレンジする機会はない」とよくいわれますが、個人が真面目に生活していても、外的要因により生活に困窮するケースは多々あります。借りる側のモラルハザードにはならない、利用者を救済する制度として業界団体による制度化が必要であると考えられます。

　ポイントとしては、住宅ローン利用者であり、なんらかの偶発的要因（雇用企業の倒産や経営悪化、病気等により就業できない）により、収入が大幅に減少したり、収入がなくなった場合、5年以内の復帰が見込まれ、かつその意思がある方を対象に、再チャレンジする機会を提供する仕組みです。

　たとえば、これまでの住宅ローンの返済態度が良好（一度も延滞はしていない）であり、他の負債がない（100万円未満）方

図表10－2　個人版再チャレンジ支援基金全体スキームイメージ

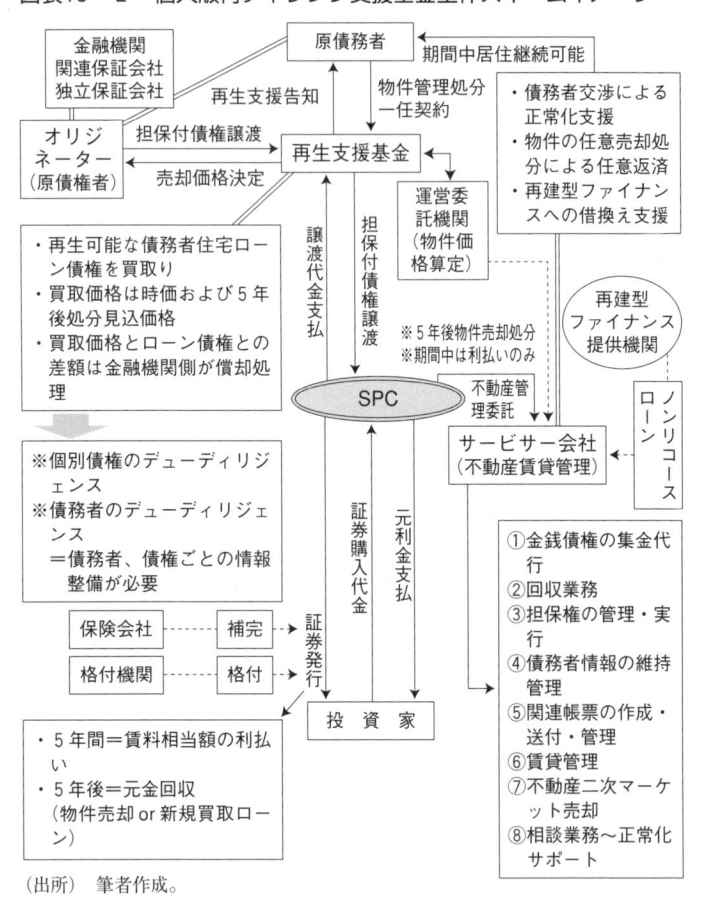

(出所)　筆者作成。

を対象に、返済ができなくなった住宅ローン債権を「再生機構」が推定時価（＝5年後の処分見込価額）で買い取り、金融機関や保証会社は買取価格とローン残高の差額については無税

で債務免除します。

　債務者については、代物弁済契約を含む担保不動産管理処分一任契約を再生機構との間で締結し、現状の住宅に引き続き居住できますが、期間中（＝5年以内）に住宅を確保する（＝新規ローン利用）か、最終的に売却処分するかを決定し、当該期間中は賃貸料相当の利払い（たとえば、既存住宅ローン返済額の60％または地域内平均家賃の60％の低いほう）のみを支払うこととします。5年間の猶予期間によって、物件を確保する機会を提供するものです。

　再生機構は、買い取った住宅ローン債権を担保とした期間5年間の資産担保証券を発行し、一般投資家へ販売します。期間中は賃料相当の収入を前提とした利払いを実施すると同時に、期間終了時点に物件処分価格（新規ローンによる再利用ローンまたは市場での売却）により償還します。つまり、住宅価値を最大限効果的に活用する「証券化スキーム」を活用したモデルです。

　このスキームを確立するには、構成当事者となる機関において最低限の役割を担ってもらう必要があります。金融機関や保証会社から切り離された原債務者＝居住継続者の管理に関してはサービサー会社が業務を引き受けることを前提とします。

① オリジネーター（原債権者）
・延滞債務者のなかから再生可能な債務者住宅ローン債権を厳正に選定する
・当該債務者情報（履歴および物件情報等）を整備、体系化する

- 住宅ローン債権譲渡における各種手続と具体的処理をスムーズに行う
- 債権譲渡価格と既存債権価格との差額部分の償却手続（〜原則無税）によりバランスシート改革を行う

② 再生支援ファンド＆運営委託機関
- 対象住宅ローン債権の担保不動産の価格算定（〜5年後の将来価格）をする
- 債権買取価格の決定と債権別（債務者別）セグメント基準を策定する
- 原債務者との担保不動産管理処分に関する一任契約を締結する（原則、代物弁済を予約する）
- SPC設立に関する全般業務（ローン債権担保による証券発行）

③ サービサー会社
- 原債務者との利払契約（5年）に基づく金銭の集金代行および管理業務
- 正常化支援を前提とした相談業務
- 対象不動産の管理および二次マーケットにおける売却処理
- 居住物件確保を前提とした新規ノンリコース型ローンの提供の可否判定
- 債務者情報の整備と還元資料作成、送付、管理

　また、このスキームを実現するためのポイントとなる機能として「担保物件である住宅価格の算定」と「資産担保証券の商品設計」があります。

〔担保物件の住宅価格算定〕

「延滞時点の物件時価額(=市場売却価格)の算定と当該物件の市場における5年後の売却見込価格の算定」を厳正に行う必要があります。

⇒対象別件と類似した中古市場価格(立地・建物構造等から判定)を前提に過去の価格推移および今後の経済情勢等を加味した統計的分析手法を活用した「価格算定機能」

⇒全国または地域別中古物件価格の情報整備(マザーズオークション情報、不動産仲介業者情報等)を実現する「データベース構築・運用機能」

という2つの機能の確立がポイントとなります。

〔資産担保証券の商品設計〕

「住宅ローン債権を特定資産とした証券化を実現するSPC(特定目的会社)の設立」が前提となりますが、対象債権の「調査分析」(~デューディリジェンス)と対象となる証券の「投資分析」(⇒前項の担保物件(住宅)の将来処分見込価格と指定期間中の利払額を前提に分析)をすることにより、具体的な商品設計を行うことになります。投資家を探すためにも、安全性の高いデット型の特定社債券と高リスク高リターンのエクイティ型の優先出資証券を組み合わせることで、商品性を高めることがポイントになるでしょう。つまり、5年後のリスク分析と信用補完を加味した「金融分析機能」が必要になります。

以上のような機能を確立することができた場合の期待効果を

「債務者」「債権者」「投資家」という観点からとらえると、以下のとおり、相互にとってメリットはあると思われます。従来のように、融資契約を履行できない＝最終処理という考え方から、再生を可能とするスキームを金融機関側が提供することで、金融機関側は一次的に損失を伴う結果になりますが、損失を抑制し、期間終了後、再度、新たなローン利用者を見つけ出すことも十分可能ではないかと思われます。

① 債務者支援

・現状の民間住宅ローン商品特性を考えた場合、返済遅延による最終処理により個人情報機関へのブラック情報の登録となり、以後（5～7年間）再チャレンジへ支障をきたしますが、情報登録を制限することで再生が可能となる

・取得したマイホームに住み続け再生する選択を提供することで、家族も含めた再生への意欲を高めることが可能となる

② 債権者支援

・偶発的要因により債務の返済が滞った債務者にとって再生の道を提供することが可能となり、企業向け再生支援制度の個人版制度を構築することができる。結果として金融機関としての社会的責任をまっとうすることができる

・金融機関内部規制（＝新BIS規制による規制）に対する延滞債権の早期処理を可能とすることができ、かつ、債権管理回収業務負担を軽減することができる

・物件価値の毀損を抑制（時価で処理）することで損失額を抑制することができる。結果として、金融機関損失の拡大を抑

制することで最終処理を促進できる

③　投資対象商品の新設＝機関投資家
・個人住宅の時価処分額を前提とした資産担保証券を提供することで、金融機関を含めた機関投資家へ新たな投資商品を提供できる
・5年後の処分方法においては、再度物件を買い戻す「ノンリコース型」のローンを設計することで不動産価格下落のリスクを軽減したモデルとして提供できる

4 個人債務者の私的整理に関するガイドライン

　2011年3月に発生した東日本大震災の影響により、住宅ローンを借りている個人や事業性資金を借りている個人事業主等が、既往債務の負担を抱えたままでは、再スタートに向けて困難に直面する等の問題（＝二重債務問題）を解決するための方策として、金融機関等が、個人である債務者に対して、破産手続等の法的倒産手続によらず、私的な債務整理により債務免除等を行うことにより、債務者の自助努力による生活や事業の再建を支援するために制定されたものが、「個人債務者の私的整理に関するガイドライン」です。

　概要は図表10－3となりますが、このガイドラインは、東日本大震災の影響によって、住宅ローンや事業性ローン等の既往債務を弁済できなくなった個人の債務者であって、破産手続等の法的倒産手続の要件に該当することになった債務者について、法的倒産手続ではなく、債権者（主として金融債務に係る債権者）と債務者の合意に基づき、債務の全部または一部を減免すること等を内容とした債務整理を公正かつ迅速に行うための準則として定められたものです。

　ただし、対象となる債務者については、以下の要件を満たす必要があります（以下、私的整理ガイドラインに公表されている内容）。

(1) 住居、勤務先等の生活基盤や事業所、事業設備、取引先等の事業基盤などが東日本大震災の影響を受けたことによって、住宅ローン、事業性ローンその他の既往債務を弁済することができないこと又は近い将来において既往債務を弁済することができないことが確実と見込まれること。

(2) 弁済について誠実であり、その財産状況（負債の状況を含む。）を対象債権者に対して適正に開示していること。

(3) 東日本大震災が発生する以前に、対象債権者に対して負っている債務について、期限の利益喪失事由に該当する行為がなかったこと。ただし、当該対象債権者の同意がある場合はこの限りでない。

(4) このガイドラインによる債務整理を行った場合に、破産手続や民事再生手続と同等額以上の回収を得られる見込みがあるなど、対象債権者にとっても経済的な合理性が期待できること。

(5) 債務者が事業の再建・継続を図ろうとする事業者の場合は、その事業に事業価値があり、対象債権者の支援により再建の可能性があること。

(6) 反社会的勢力ではなく、そのおそれもないこと。

(7) 破産法第252条第1項（第10号を除く。）に規定される免責不許可事由がないこと。

また、ガイドラインによる債務整理を的確かつ円滑に実施するために、一般社団法人個人版私的整理ガイドライン運営委員会という第三者機関が設置されていますが、手続の全体的な流

図表10-3　個人版私的整理ガイドライン運営委員会の概要

組織概要	
名称	一般社団法人　個人版私的整理ガイドライン運営委員会
英文表記	Management Committee of Individual Debtor Guidelines for Out-of-Court Workouts
代表者	理事長（代表理事）　　高木新二郎 副理事長（代表理事）　和田耕志
所在地	〒100-0005　東京都千代田区丸の内一丁目3番1号
設立年月日	平成23年8月1日
事業内容	・運営協議会の設置および運営 ・弁護士、公認会計士、税理士、不動産鑑定士、その他の専門家の登録の受理および取消しならびにその適性の審査 ・登録された弁護士、公認会計士、税理士、不動産鑑定士、その他の専門家に対する助言および指導 ・個人債務者の債権者に対する「個人債務者の私的整理に関するガイドライン」による債務整理の申出および必要書類の提出の支援 ・「個人債務者の私的整理に関するガイドライン」による債務整理を申し出た個人債務者の弁済計画案の作成および説明等の支援 ・弁済計画案の確認報告書の作成 ・「個人債務者の私的整理に関するガイドライン」の解釈または運用に関するQ&A等の作成および改訂等

(平成23年8月22日現在)

(出所)　一般社団法人個人版私的整理ガイドライン運営委員会ホームページより引用。

れは図表10-4となります。運営委員会は、このガイドラインに基づく手続を、債権者または債務者の代理人としてではなく、利害関係のない中立かつ公正な立場から的確かつ円滑に実施するための第三者機関として、全国銀行協会等が設立した一

図表10−4　ガイドラインの手続の流れ

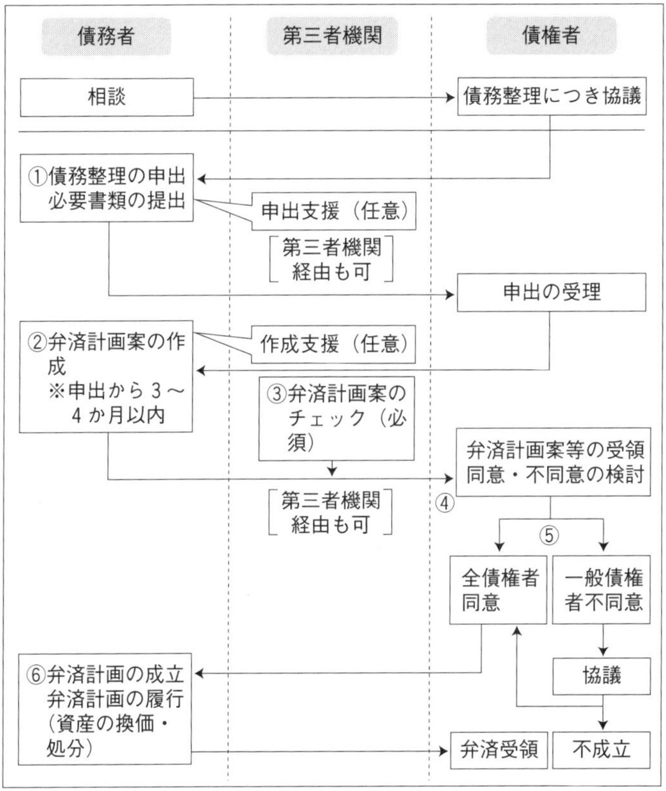

債務者	第三者機関	債権者
相談		→ 債務整理につき協議
①債務整理の申出　必要書類の提出	申出支援（任意）／［第三者機関経由も可］	申出の受理
②弁済計画案の作成　※申出から3〜4か月以内	作成支援（任意）／③弁済計画案のチェック（必須）／［第三者機関経由も可］	弁済計画案等の受領　同意・不同意の検討　④　⑤　全債権者同意／一般債権者不同意
⑥弁済計画の成立　弁済計画の履行（資産の換価・処分）		協議　弁済受領／不成立

（出所）　一般社団法人個人版私的整理ガイドライン運営委員会ホームページより引用。

般社団法人であり、以下の業務を行います。

・弁護士、公認会計士、税理士、不動産鑑定士、その他の専門家の登録の受理および取消しならびにその適性の審査
・登録された弁護士、公認会計士、税理士、不動産鑑定士、そ

の他の専門家に対する助言および指導
・債務整理の開始の申出および対象債権者に対して提出する必要書類の提出の支援
・弁済計画案の作成の支援（債権者の意向確認を含む。）
・弁済計画案に係る確認報告書の作成
・弁済計画案の説明等の支援（債権者間の調整を含む。）
・このガイドラインの解釈または運用に関するQ&A等の作成および改訂等
・その他、このガイドラインによる債務整理の的確又は円滑な実施のために必要な業務

　これらガイドラインの運用に関しては、一般社団法人個人版私的整理ガイドライン運営委員会が「個人債務者の私的整理に関するガイドラインQ&A」等を下記HPにて公表しています。

　http://www.kgl.or.jp/

　また、運用等については、一般社団法人個人版私的整理ガイドライン運営委員会が設置する運営協議会の副議長として実際の運用に携わっている小林信明弁護士による「個人債務者の私的整理に関するガイドラインの概要」（金融法務事情1930号29頁）が参考になります。

(1) 個人版私的整理ガイドラインのポイント

a 債務者要件

　個人版私的整理ガイドラインを活用するうえでポイントとなるのは、まずガイドライン3項の債務者要件です。

特に、「生活基盤や事業基盤などが東日本大震災の影響を受けたことによって」「既往債務を弁済することができないこと又は近い将来において既往債務を弁済することができないことが確実と見込まれること」との弁済不能・おそれの要件および因果関係の要件該当性には注意が必要です。

　このうち弁済不能・おそれの要件ですが、従前、仮設住宅等に避難し住居費負担の生じていない被災者については、将来住居費負担が現実に発生する時点6カ月前の住居費負担を考慮して要件該当性を検討する方針にて運用されていました。しかし、被災者の救済を進める趣旨で2011年10月に運用が見直され、仮設住宅退去が将来のことであっても、現時点で将来の住居費負担増加を考慮して支払不能・おそれ要件の該当性を検討することとされています。

　次に、因果関係の要件ですが、個人版私的整理ガイドラインは、東日本大震災の影響により支払不能・おそれの状態に陥る被災者を救済する制度ですから、東日本大震災前にすでに支払不能状況に陥っていた方は救済対象とはなりません。震災前から多重債務負担状態にあるような場合には、因果関係要件を満たさない可能性が高いと思われますので、留意してください。

b　弁済計画要件

　次に、個人版私的整理ガイドラインを活用するうえでポイントとなるのは、ガイドライン7項の弁済計画要件です。

　図表10－5には弁済計画案の要件がまとめられていますが、これ以外にも以下の要件に注意する必要があります。

図表10-5　個人債務者の私的整理に関するガイドライン概要

震災により住宅ローンや事業性ローン等の既往債務を弁済できなくなった個人の債務者であって、破産手続等の法的倒産手続の要件に該当することになった債務者について、このような法的倒産手続によらずに、債権者（主として金融債務に係る債権者）と債務者の合意に基づき、債務の全部または一部を減免すること等を内容とする債務整理を公正かつ迅速に行うための準則

申請者の要件
1. 東日本大震災被災者でローン返済が困難または今後困難になることが見込まれる方
2. 財産、負債状況を適正に開示
3. 震災前に、延滞等していない
4. 破産、民事再生手続をする以上の回収見込みがある
5. 事業者の場合は、事業価値、再建可能性がある
6. 反社会的勢力でないこと
7. 破産法上の免責不許可事由がないこと

債務者は、「個人版私的整理ガイドライン運営委員会」に私的整理を申請。
資産、収入関係の資料等を委員会に提出。委員会は必要書類の収集提出等についても助言、債権者の意向確認をしながら、債務者による<u>弁済計画案</u>の作成を支援する。

A．住宅ローン等利用者が策定する再建計画の内容
a 債務の弁済ができなくなった理由
b 財産の状況（財産の評定は、債務者の自己申告による財産について、財産を処分するものとして行う）
c 債務弁済計画（原則5年以内）
d 資産の換価・処分の方針
e 対象債権者に対して債務の減免、期限の猶予その他の権利変更を要請する場合はその内容

B．個人事業主の事業性ローン利用者が策定する再建計画
Aの計画内容および下記事項
a 事業見通し（売上げ・原価・経費）
b 収支計画
c 東日本大震災発生以前においても、すでに事業利益が赤字であったときは、赤字の原因とその解消の方策を記載するとともに、弁済計画成立日の属する年の翌年からおおむね5年以内をメドに黒字に転換することを内容とする。ただし、これを超える合理的な期間とすることを妨げない。

(出所)　筆者作成。

【すべての類型の弁済計画案に共通する要件】
① 弁済計画案における権利関係の調整は債権者間で平等でなければなりません（もっとも、債権者間に差を設けても衡平を害しない場合はこの限りではないとされています）。—ガイドライン7項(4)
② 弁済計画案作成日現在における債務者の財産状況やガイドライン3項の債務者要件に関する債務者による誓約および誓約違反の場合の債務免除の効果の消滅—ガイドライン7項(3)

【将来弁済型の要件（ガイドライン7項(2)①ロ）】
① 「事業再建型」の弁済計画案を作成する事業主を除く個人債務者（住宅ローン債務者等の非事業主、廃業する事業主等）のうち将来収入の見込みがある債務者のみ作成可能。
② 破産手続による回収見込みよりも多くの回収の見込み。

【清算型の要件（ガイドライン7項(2)①ハ）】
① 破産手続における「自由財産（自由財産の拡張対象を含む）」を除く全資産を処分・換価して按分弁済する。なお、処分・換価のかわりに「公正な価額」の弁済も可能。
② 原則として、債権額20万円以上のすべての債権者を対象債権者とする必要がある。

【事業再建型の要件（ガイドライン7項(2)②）】
① 債務者の自助努力を十分反映する。
② 破産手続による回収見込みよりも多くの回収の見込みがあるなど、対象債権者にとって経済的合理性が期待できる。

上記3つの弁済計画の類型のなかで清算型の弁済計画は、たとえば、津波等により毀損した自宅の敷地を「公正な価額」を支払って手元に残したうえで（なお、債務者が手元に残すことができる自由財産および自由財産拡張対象の財産を除き、その他の資産は換価処分して弁済に充てます）、債権免除により過剰な債務負担を取り除くことで新規ローンを組み新しく住宅を建てる経済環境を回復するといった活用が期待されます。

　また、事業者であっても、事業に必要な資産を「公正な価額」を支払うことで手元に残し、債権免除により過剰な債務負担を取り除いた後で事業を再開することが可能であり、清算型を活用することが考えられます。もっとも、事業再建型は、現在取組みが進められている「産業復興機構」による被災事業者救済スキームや、2012年3月初旬より稼働が始まった「株式会社東日本大震災事業者再生支援機構法」による被災事業者救済スキームと比較検討する必要があると思われます。

　清算型の弁済計画を策定するうえで、債務者が手元に残すことができる自由財産および自由財産拡張対象の財産がどのようなものとなるかが重要です。この点、一般社団法人個人版私的整理ガイドライン運営委員会では、平成24年1月に運用方針を公表し、自由財産の拡張について、下記の運用を行うこととしています。かかる自由財産拡張方針により、債務者が自由財産・拡張自由財産を活用して自宅敷地等の生活基盤や事業資産等の事業基盤を相当程度手元に残すことが可能となりますので、生活・事業の再生復興が進むことが期待されます。

・自由財産たる現預金の範囲を、法定の99万円を含めて合計500万円を目安として拡張します。なお、拡張する自由財産の運用にあたっては、例外的な事情がない限り500万円を上限とし、また被災状況、生活状況などの個別事情によっては減額もありえます。
・現預金以外の法定の自由財産（および義捐金等特別法による現預金等の自由財産）は、法律の定めに従い、本件とは別の自由財産として取り扱います。
・地震保険中に家財（差押禁止財産）部分がある場合には、状況によって柔軟に対応します。
・すでに返済したローンの弁済金は、今回の拡張により自由財産になるとしても返還できません。

(2) 個人版私的整理ガイドラインの今後の課題

今後の課題について、1つには、福島原発事故の被災者の救済があげられます。これは、福島原発事故の被災者の場合、営業損害や就労不能損害について東京電力に対する損害賠償が可能と思われる一方で、住宅ローン等の債権者金融機関の側も被災状況および東京電力との関係をふまえ請求行為を差し控えていることから、弁済不能・おそれの要件に該当する状況に至らないという問題です。この点、営業損害や就労不能損害に係る損害賠償の終期の議論や債権者金融機関側の対応等に注意する必要があります。

また、保証債務の取扱いも、いままでの事例の積み重ねを待

つ必要があります。ガイドライン7項(5)には保証履行を求めない場合の要件が記載されていますが、①保証契約を締結するに至った経緯、主たる債務者と保証人の関係、保証による利益・利得を得たか否か等を考慮した保証人の責任の度合いと、②保証人の収入、資産、震災による影響の有無等を考慮した保証人の生活実態という2つの要素から検討することが求められています。

　最後に、金融円滑化法との関係が課題となります。金融円滑化法は、被災者救済のため、金融機関側に条件変更対応の努力義務を課しています。かかる目的自体は正当ですが、安易な債務返済の繰延べ（＝リスケジュール）対応は問題の先送りにすぎず、被災者および被災地の真の再生復興のためには過剰な債務負担から債務者を解放し、新規ローン等の前向きの対応が可能となるように環境を整備することが必要です。かかる観点から、緊急避難的にリスケ対応をした被災債務者について再度弁済期限が到来するような場合において、個人版私的整理ガイドラインの活用といった抜本的な対応ができるか否かが重要な課題であると思われます。

■ 著者略歴 ■

本田　伸孝（ほんだ　のぶたか）

都市銀行勤務を経て1998年㈳金融財政事情研究会主任研究員、2001年㈱金融財政総合研究所取締役（現職）、2012年㈱HFMコンサルティング代表取締役（同）。事業再生実務家協会、日本金融学会、日本財務管理学会所属。

著書は、『金融マーケティング戦略―銀行経営を変えるCRM』（共著、金融財政事情研究会、1999年）など。

論文は、「新BIS規制下の住宅ローン債権管理」（『週刊金融財政事情』2006年12月4日号）、「「顧客取引軸」が統合リスク管理と戦略的財務マネジメントを結ぶ」（同2009年11月9日号）、「消費者情報を活用したマーケティング戦略の注意点(上)(下)」（『月刊消費者信用』2006年12月号、2007年1月号）など多数。

三森　　仁（みつもり　さとる）

あさひ法律事務所パートナー。1993年弁護士登録（第二東京弁護士会所属）。日本弁護士連合会倒産法制等検討委員会幹事・委員、日本弁護士連合会司法制度調査会特別委嘱委員等。2012年4月、第二東京弁護士会副会長に就任。

著書は、『詳解　民事再生法の実務』（共著、第一法規出版、2000年）、『実務解説　会社法Q&A』（共著、ぎょうせい、2006年）、『民事再生の実務と理論』（共著、商事法務、2010年）、『新注釈　民事再生法【第2版】(上)(下)』（共著、金融財政事情研究会、2010年）ほか多数。

論文は、「破産管財人の注意義務―二つの最一判H18.12.21を読んで」（『NBL』851号）、「事業再生ADRから会社更生への手続移行に際しての問題点と課題」（同953号～955号）、「差押え・債権譲渡と相殺」（『ジュリスト』1432号）ほか。

KINZAIバリュー叢書

住宅ローンのマネジメント力を高める
──攻めと守りを実現する住宅ローンのビジネスモデル

平成24年5月22日　第1刷発行

著　者　本　田　伸　孝
　　　　三　森　　　仁
発行者　倉　田　　　勲
印刷所　三松堂印刷株式会社

〒160-8520　東京都新宿区南元町19
発　行　所　一般社団法人　金融財政事情研究会
　編集部　TEL03(3355)2251　FAX03(3357)7416
販　　売　株式会社きんざい
　販売受付　TEL03(3358)2891　FAX03(3358)0037
　URL http://www.kinzai.jp/

・本書の内容の一部あるいは全部を無断で複写・複製・転訳載すること、および磁気または光記録媒体、コンピュータネットワーク上等へ入力することは、法律で認められた場合を除き、著作者および出版社の権利の侵害となります。
・落丁・乱丁本はお取替えいたします。定価はカバーに表示してあります。

ISBN978-4-322-12120-9

KINZAI バリュー叢書 好評発売中

会社法による決算の見方と最近の粉飾決算の実例解説
●都井清史［著］・四六判・228頁・定価1,470円（税込⑤）
最新の会社計算規則に対応した決算に関するルールと、大王製紙・オリンパスの粉飾決算手法、「循環取引」等による驚異の粉飾操作を解き明かす。

金融危機の本質──英米当局者7人の診断
●石田晋也［著］・四六判・260頁・定価1,680円（税込⑤）
「金融消費者保護」から「ネットワーク・サイエンス」まで、金融先進国の当局で議論されている金融規制の最先端。7名の当局者の意見から紹介。

金融リスク管理の現場
●西口健二［著］・四六判・236頁・定価1,470円（税込⑤）
金融リスク管理の全貌がわかる入門書。金融危機の前後から急拡大してきた新たなリスクの把握方法についての最近の発展や、バーゼルⅢ等の規制改革の動向についても解説。

郵政民営化と郵政改革──経済と調和のとれた、地域のための郵便局を
●郵政改革研究会［著］・四六判・236頁・定価1,470円（税込⑤）
政局によって生まれ、政局によって修正されている郵政問題について、それぞれの考え方、各種資料を整理、徹底分析。これまでなされてきた議論の変遷も明らかに。

営業担当者のための 心でつながる顧客満足〈CS〉向上術
●前田典子［著］・四六判・164頁・定価1,470円（税込⑤）
"CS（顧客満足）"の理解から、CSを実現する現場づくり・自分づくり、CSの取組み方まで、人気セミナー講師がコンパクトにわかりやすく解説した決定版。

粉飾決算企業で学ぶ 実践「財務三表」の見方
●都井清史［著］・四六判・212頁・定価1,470円（税込⑤）
貸借対照表、損益計算書、キャッシュフロー計算書の見方を、債権者の視点からわかりやすく解説。

金融機関のコーチング「メモ」
●河西浩志［著］・四六判・228頁・本文2色刷・定価1,890円（税込⑤）
コーチングのスキルを使って、コミュニケーションをスムーズにし、部下のモチベーションがあがるケースをふんだんに紹介。